経営改善計画の書き方・使い方

A4 1枚で作れる!

中小企業診断士
社会保険労務士 ▶ 宮内 健次

ビジネス教育出版社

はじめに

　経営改善計画は、会社の経営改善を目的とした計画です。経営改善をしていくに際して、計画はいらないという会社もあると思います。しかし、最初に計画を立てて、それにしたがって進むと、問題が発生しても、当初の計画と比較しなぜそんなことが発生したかを検討することができ、問題の解明が早くなります。

　また、企業によっては、業績悪化に伴い取引金融機関から、経営改善計画作成の依頼が来ている場合もあると思います。

　いままで、経営に関する計画が全くなかったという会社は、これを機会にぜひ、経営改善計画に取組みましょう。すでに経営改善計画がある会社は、本書を参考にしていただき必要と思われる部分は取り入れていただきたいと思います。

　さて、経営改善計画ですが、経営を改善するという命題は決まっています。

　あとは、どういった様式で計画を作成するかです。

　経営改善計画の様式に定型はありません。ただ、これだけは計画に入れてほしいという項目はあります。

　本書では、経営改善計画として、最低限必要と思われる項目を記載しています。

　さらには、Ａ４用紙１枚で書けるようにしました。もちろん、会社の規模により、あるいは内容により、さらに必要な部分は追加していただきたいと思います。経営改善計画というものはなく、従来の取引慣行にしたがって取引している会社はＡ４用紙１枚でまずは作成していただきたいと思います。

　そのほかに、損益計算書や貸借対照表などの改善経過がわかる年度別推移

表などを取引金融機関などが求める場合は別途作成してください。

さらに、中堅企業向けの経営改善計画も用意しました。詳細な計数管理や施策管理が必要な場合は活用してください。

なお、この経営改善計画は、経営改善の伴わない通常の経営計画でも利用できます。経営改善が終了した場合も、同様の基本構成に準じて経営計画を作成していただきたいと思います。

その他、経営改善に成功した実例も掲載しておりますので、成功したポイントも参考にしてください。

これから、経営改善計画を作成する会社や過去に作成したがうまく機能しなかった会社は、ぜひ参考にしていただければ幸いです。

2023 年 3 月

宮内　健次

第1章

経営改善計画の
必要性

1 経営改善計画の必要性

▶**経営改善計画は、経営の見直しに際し必要な計画書である**

1. 経営改善計画は経営改善のために作る

　経営改善計画とは、会社の経営改善として、経営改善目標を作成し、その経営改善目標を実現するための計画作りです。

　経営改善計画は、例えば、いままで販売していた物が販売不振になり、業績が悪化し、金融機関への返済が厳しくなった場合に、経営改善のためのシナリオを作成し、それを進めていくためのものです。

　すなわち、どのように経営を立て直ししていくかを計画するものです。

　この計画の作成については、自ら作成している企業もありますが、取引金融機関からの要請で作成していることが多くみられます。

　ただ、経営が不振になるという理由には、いろいろな要因があります。例えば、経営者自身の経営姿勢に問題があったり、扱っている製品が競合他社の攻勢により、販売不振になったり、あるいは、製品原価が上がり、利益が減少するなどがあります。

　この経営改善計画では、経営改善目標を的確にとらえ、さらに、それをクリアするための経営改善施策がマッチしていて、はじめて経営改善につながります。

◆ 経営改善計画は、「経営改善目標」と「経営改善施策」の連携が大事

経営改善計画 ＝ 経営改善目標 ＋ 経営改善施策

2 経営改善計画の作り方の基本

▶経営改善目標を達成するための
経営改善計画作りである

1. 経営計画と経営改善計画の違い

　経営計画と経営改善計画は、共通点と違いについてみていきます。

　共通点としては、**第1**に、経営を計画書にしたがって計画的に進めることです。経営計画も、経営改善計画も作成した計画書にしたがって会社として計画を進めていきます。そして、計画と実績に差異があれば分析して改善をしていきます。

　第2には、会社経営について、経営計画は、経営ビジョンを基に経営目標達成を社員全員で目指していきます。一方、経営改善計画も同様に、経営立て直しを基に経営ビジョンを作成し、経営改善目標の達成を社員全員で目指していきます。

　しかし、経営計画と経営改善計画には、次のような違いがあります。

経営計画	経営改善計画
① 計画内容は企業の裁量	① 経営改善が見える計画
② 将来の経営ビジョンを描く	② 経営の立て直しのビジョン
③ 経営ビジョンを基に計画を作成	③ 経営の立て直しのビジョンを基に計画を作成
④ 自らが進捗管理を行う	④ 金融機関のモニタリングもある
⑤ スケジュール管理は自ら行う	⑤ スケジュール管理は金融機関と行う場合もある

　このように、経営改善計画については、業況悪化要因があるため、取引金融機関が関わり経営改善計画を作成するとともにその後の進捗状況にも関わることが多くあります。

2．経営改善計画は数値計画が中心ではない

　金融機関が経営改善計画の作成依頼をすると、中小企業では、経営者が単に目標数値計画を立ててくることがあります。こうした数値計画中心の経営改善計画をあげるのは、経営者だけで作成でき、時間もかからず速やかに作成することができることがあげられます。

　しかし、それでは経営改善にはつながりません。

(1)　数値計画が問題となる理由

①　数値の根拠がわからない

　経営改善計画は長期にわたり作成することになりますが、売上や費用は将来の需要予測を加味していくと必ずしも毎年一定ではありません。しかし、こうした変化を数値だけで作成すると、数値の根拠がわからず、それを基に社内で経営改善計画として推進しても社員の理解が得られません。

　また、債務超過がある会社の場合、早く正常な会社にしたいために無理な利益を計上して数値計画を作成していることがあります。しかし、金融機関から数値計画の根拠などを聞かれ答えられず、結局、数値計画の見直しをしています。

②　目標を達成する方法がわからない

　経営改善計画を数値計画だけで作成した場合に、作成した数値計画を達成するために、何をどのようにしていくのかが具体的にわかりません。数値計画を上げるための具体的な施策と行動計画が必要になります。経営者のなかには目標となる数値計画を作成して、現場はその数値を目指し頑張れといって叱咤激励しているケースをみかけます。これでは、現場は何を持って数値計画を達成するのかわからないのでやりようがありません。当然、数値計画は、絵に描いた餅になってしまい、数値計画は未達になってしまいます。

⑵　経営改善計画の基本的枠組み

　会社の経営理念を作成して、社員の行動が一体になるような柱を立て、次に経営立て直しを志向した経営ビジョンを立てて会社の大きな土台を作ります。それから、経営ビジョン達成のための経営改善目標を立て、それに基づく数値計画と数値計画の根拠となる施策と具体的な行動計画を作成して推進していきます。

3.　経営改善計画の内容

　経営改善計画は、「経営改善を基本」にして、経営理念、経営ビジョン、環境分析、経営改善目標、経営方針、目標利益計画、主要施策、行動計画を作成します。

　経営改善計画の土台となる経営理念により会社の行動指針を明確にし、経営ビジョンにより会社の将来の改善先を明示することにより、会社の経営改善計画の大きな枠組みを作ります。

　さらに、経営改善の目標数値を達成するための施策やその施策の行動計画を作成して、目標数値を実現する根拠を示していきます。このように、単に目標数値中心ではなく目標達成のその根拠をきちんと作成していくことが経営改善計画の中心となります。

3 社員参加型の経営改善計画

▶経営改善委員会で作成した経営改善計画は、全社員で進める

1. 社員参加型の経営改善計画

経営改善計画の担い手は、社長をはじめとする全社員です。

社長だけが作ったものは、社長命令で実施させることはできても、成果がなかなかでません。社員の意思が入っていないものは、お仕着せとなり、改善しようという「意思」につながりません。

このため、社員参加型で経営改善計画を社員も参加させるようにしましょう。社長が1人で作成するより時間がかかるという点はありますが、社員にとっては自らが参加して作成したという思いが強く、経営改善計画が推進しやすくなります。

経営改善計画は、社員が作成段階から参加していくことが大切です。

それでは、社員を参加させての経営改善計画の作成について具体的に記載します。

2. 経営改善計画委員会の立ち上げ

経営改善計画委員会を立ち上げましょう。

経営改善計画委員会のメンバーは、社長、役員ならびに部門から部門長または部門長に準じた社員を任命します。

さらに、事務局として、総務部門あるいは企画部門から任命し、必ず経営改善計画の進行状況の議事録作成や資料の取りまとめ役を行います。このメンバーにより、経営改善計画委員会を開催し、経営改善計画を作成していきます。

3. 経営改善計画作成の手順

具体的には、経営改善のために次のことを検討していきます。

①　意義（経営改善計画の重要性）

②　経営理念

③　経営ビジョン（会社の将来構想や夢）

④　外部環境

⑤　内部環境

⑥　経営改善目標（財務改善目標や業務改善目標）

⑦　経営方針（経営改善目標を達成するための人、物、金、情報などの経営資源の枠組み）

⑧　目標利益計画（３カ年の利益計画）

⑨　月別目標利益計画

⑩　主要施策（３カ年の施策）

⑪　行動計画

上記の①から⑪のほかに企業規模によっては、次の管理表を作成します。

⑫　目標利益計画を基に１年目の予算管理表の作成

⑬　主要施策を基に１年目の行動計画管理表の作成

4. 経営改善の期間

経営改善計画の期間は、原則３カ年です。１年だと短期的すぎ、経営ビジョンが描けません。やはり、将来を考えた経営ビジョンを考えると３カ年以上の期間が必要になります。また、３年を超えると長期の計画となります。環境変化の激しい今日では、作成した計画と現実の内容が大きく乖離して使いものにならなくなる可能性が出できます。こうしたことから、３カ年が妥当ではないかと考えます。

5. 経営改善計画の見直し方

　経営改善計画は、毎年ローリング（計画と実績のすりあわせ）する必要があります。外部環境や内部環境が変わっていないか検討します。外部環境や内部環境に変化があり、設定した目標利益計画と大きく乖離する場合は、目標利益計画の変更を検討します。また主要施策に影響がある場合、必要により、主要施策を変更したり、追加したりします。なお、早期に終了してしまった施策がある場合は、次年度以降の主要施策から取り除いていきます。

4 経営改善計画の発表会

▶全社員に周知徹底する意味で、経営改善計画の発表会を開催する

1．経営改善計画を発表

　経営改善計画が完成した後、経営改善計画発表会を開催します。

　経営改善計画の発表会の目的は、経営改善計画の周知徹底です。

　経営改善計画は、経営者や部門長のみ知っていれば良いというものではありません。全員が経営改善計画の内容を理解することが大切です。

　経営改善計画の内容を知っている人と知らない人がいたのでは、行動がバラバラになってしまいます。このため、経営改善計画の発表会を行います。そして、経営改善計画の内容を全員に一度に周知します。

　また、発表会の意義としては、次のようなことがあります。

(1)　社長の決意表明

　作成した経営改善計画を何としても実行して経営改善計画通りの成果を出すという決意表明の場となります。

(2)　社員の決意表明

　社員も社長同様に経営改善計画を実行するという決意表明の場となります。

(3)　コミュニケーションの醸成

　全員が1つの場所に集まり、経営改善計画の内容を通じてコミュニケーションを持つことができます。

⑷　情報の共有

　　経営改善計画の内容を全員が情報として共有することができます。

　　最後に、経営改善計画の発表会の手順を述べます。

⑴　経営改善計画発表会の日時の決定

　　経営改善計画委員会で発表会の日時を決定します。

⑵　経営改善計画発表会の通知

　　社員全員に、社内通知で案内を出し、全員が発表会に出席するようにします。

　　また、取引金融機関には、別途説明に伺い理解を得ます。

⑶　経営改善計画発表会の発表手順

　①　社長は、経営改善計画を作成する意義、経営理念、経営ビジョン、経営改善目標、経営方針を発表します。
　②　計数目標所管部門より、計数目標を発表します。
　③　各部門長より、部門の主要施策と行動計画を発表します。

5 経営改善計画を作成するメリット

▶経営を改善させる道筋が明確になり社員の
やる気につながる

1. 経営改善計画による会社内のメリット

⑴　社員のやる気があがる

　とにかく会社を良くしようと言われたり、今年度の売上目標だけ明示されてもその売上を達成しても、将来会社がどのように変わっていくのかがわからないとやる気がなかなかでません。

　経営改善計画により、3年後あるいは5年後に会社はこうなりたいというきちんとしたビジョンが明示されることにより、社員は、ビジョンがはっきりしているのでそのビジョンを達成しようとする意欲がでてくるものです。

⑵　会社の目指す先が明確になる

　経営改善計画により、改善の経営ビジョンが明示されます。

　それにより、経営改善目標も定められますので、会社の目指す先がはっきりします。社員にとっては、行き先が明確なので迷うことなく進んでいくことができます。

⑶　効率的な経営ができる

　経営改善計画に基づき事業活動していきますので、ムダな行動がなくなります。3年後あるいは5年後の全体の目標が設定され、その目標に基づき各部門が部門目標を設定し活動していきますので、部門間の行動が統一され、それぞれが違った方向にいくことがなくなります。

⑷　自社の外部環境が明確になる

　普段、業界の動向は、関連した新聞などで理解しているものの、外部環境を分析する機会はなかなかありません。

　自社の置かれている経済環境、競争環境、市場環境、労働環境、業界環境などを分析して自社の外部環境がどのように変化しているかをつかむことできます。

⑸　自社の力を知ることができる

　経営改善計画のなかで、自社の強みと弱みを分析します。

　このため、自社の強みと弱みがわかり、例えば商品で言えばどの製品やサービスが業界において強いのかが明確になります。また、逆にどの製品やサービスが弱いのかもわかります。また、財務面や労働面などからも自社の強みや弱みを理解することができます。

　自社の強みや弱みを理解してこそ競争で戦えるのではないかと思います。

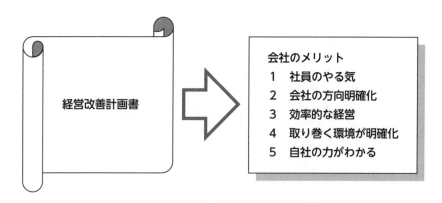

6 取引金融機関との関係

▶経営改善計画を金融機関に伝え、考え方を
共有することで支援を受けやすくなる

1．経営改善計画作成で金融機関から得られるメリット

(1) 会社の改善の姿を理解してもらえる

　経営改善計画がない会社の場合、会社の業績が悪化してどのような方向に向かっているのかわかりません。経営改善計画があると金融機関では、取引先である会社がどのような改善していくかを知ることができます。

(2) 会社へのアドバイスや支援が受けやすくなる

　経営改善計画により、経営ビジョンが明示されます。
　それにより、経営改善目標も定められますので、会社の目指す先がはっきりします。社員にとっては、行き先が明確なので迷うことなく進んでいくことができます。

(3) 資金面での支援が受けやすくなる

　経営改善計画のない会社の場合は、その会社がどの方向に行こうとしているのかが明確にわかりません。
　経営改善計画によりあらかじめ目的が明確になっている資金用途であれば資金支援はしやすくものとなります。経営改善計画は資金管理を明確にすることになり、金融機関の支援が受けやすくなります。

⑷　会社の計画している内容と進捗状況を把握してもらえる

　会社が経営改善のためにどのような設備投資や実施計画を予定しているかを経営改善計画により、把握することができます。

　そして、経営改善計画の進捗を継続的に確認することにより、経営改善計画で予定していることが予定通りに進んでいるのかを検証することができます。また、設備資金等で融資した設備が有効に稼動しているかも確認できます。さらに、月次の予算と実績の管理により、融資金の返済計画が予定通り進むかどうかも確認することができます。

⑸　債務者区分の引き上げにつながる

　経営改善計画により、会社の改善のための経営ビジョンと経営改善目標が明確になり、経営改善目標を達成して、業績が向上していけば、金融機関の評価が向上していきます。その結果、債務者区分の引き上げにつながっていきます。

2.　経営改善計画による金融機関との関わり方

⑴　経営改善計画を事前説明する

　経営改善計画を作成したら、その内容を金融機関の担当者に説明します。特に、融資を受けている場合、あるいは将来設備投資などにより金融機関からの新たな融資を予定している場合には、返済を考慮した財務計画を立てそれを検証してもらうことになります。

⑵　経営改善計画の発表会への出席を依頼する

　金融機関への事前説明が終了したら、全社員に対して経営改善計画を発表します。

⑶　経営改善計画の進捗について定例報告を行う

　経営者は、毎月、自社の経営改善計画の進捗会議の結果に基づき、経営改善計画の進捗状況を金融機関の担当者に説明します。

　具体的な内容は、前月までの月次の目標利益計画の実績ならびに行動計画の結果について説明します。また、そこで問題となっている点があればあわせて報告し、必要によっては金融機関よりアドバイスをいただきます。

⑷　経営改善計画の結果について年次報告を行う

　1年が終了した時点で、自社で目標利益計画の成果や行動計画の成果の検証などの年度総括を行い、その結果を金融機関の担当者に説明します。その際に、経営改善計画の年度総括報告書を提出し説明します。また、経営改善計画の最終年度においては、当初予定していた経営目標が達成したかを中心に年度の総括報告書等で説明します。

⑸　次期の経営改善計画の事前説明を行う

　経営改善計画の最終年度において、最終年度の計数を中心とした着地予想を基に、次期の経営改善計画を作成し、その内容を金融機関の担当者に説明します。その際に金融機関の担当者からアドバイスなどがあれば経営改善計画の見直しを行い反映させていきます。

⑹　経営改善計画の定例外の報告も行う

　定例報告以外に、外部環境の変化などで、現状と経営改善目標や施策が大きく乖離して変更した場合には、その都度金融機関の担当者に報告します。

第2章

経営改善計画の
基本的な内容

1 経営改善計画を 作る意義

▶経営改善計画の意義を作り、経営改善計画を 作る意義を明確にする

1. 経営改善計画の意義を作り社内ならびに関係先に周知させる

　経営改善計画は、何のために作成するのかを記載します。

　経営改善計画は、基本は経営状況が悪化したことを受けて、経営の改善のために作成する計画です。

　経営改善計画の意義の役割としては、社内的には、社員に経営改善に取り組む会社の考え方を浸透させる役割があります。さらに、会社の経営改善後の姿を明確にし、将来のビジョンを明示していくことがあります。

　意義の基本的な構成について説明します。

　第1は、経営が悪化したことの原因を記載します。

　今回、なぜ経営改善計画を作成するに至ったかについて記載していきます。

　例えば、外部環境の変化により、取扱製品の受注が減少し、業績が悪化に至ったが、経営改善計画を立てることで、経営改善計画により改善の方向を明示し、進んでいくことを記載します。

　第2は、会社の過去の歴史も記載します。

　いままで、会社は、どのような歴史をたどってきたのか過去の変遷を経営改善計画の作成にあたり振り返ります。

　第3は、会社を取り巻く外部環境について記載します。（詳細は、後記の外部環境に記載）現在、会社を取り巻く外部環境はどういう状態にあるのかをみていきます。

　第4は、会社の内部環境について記載します。（詳細は、後記の内部

環境に記載）会社の商品力、人材力など現在持っている会社の能力についてみていきます。

第5は、会社の経営改善後の将来の経営ビジョンを記載します。（詳細は、後記の経営ビジョンに記載）

今回の経営改善を通じて、会社の経営改善後の姿をビジョンとして明示します。

第6は、会社の経営改善目標を記載します。（詳細は、後記の経営改善目標に記載）経営ビジョンを達成するために、どのように経営改善目標を立てているか改善目標を明示します。

第7は、経営改善計画の全体の構成と進め方について記載します。

経営改善計画のガイドラインとして、経営改善計画の全体の構成を記載します。さらに、この経営改善計画を今後どのように進めていくのかを記載していきます。

第8は、経営改善計画の副題を記載します。

この経営改善計画全体を通じて、経営改善計画を一言で言うとどういう改善計画なのかをあらわす副題をつけます。

経営改善計画を各項目にしたがって作成しただけでは、経営改善計画の狙いがなかなかわかりづらい面があります。このため作成した経営改善計画全体を一言で言いあらわす副題を作り、経営改善計画が社員にわかりやすいものにします。

こうすることで、いちいち、経営改善計画書を見なくても、各人の記憶に残り、それを基に行動していくようになります。

ある商社の事例としては、副題として「プロジェクト1010」があります。これは、売上高10億円、売上高利益率10％を意味しています。

2 経営理念で 経営のモノサシを作る

▶経営理念は、経営活動していく上で 常に参照するモノサシとする

1. 経営理念とは何か

　経営理念は、経営改善計画のなかで、最も大切なものです。経営改善計画は、経営理念から始まります。

◘ 経営改善計画の頂点は、経営理念

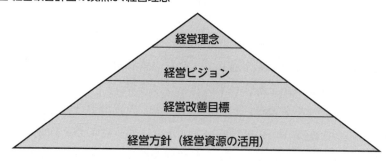

　経営理念とは、『広辞苑　第六版』（岩波書店）によれば、「企業経営における基本的な価値観・精神・信念あるいは行動基準を表明したもの」となっています。

　経営理念については、ここでは、「企業の経営活動をしていく上での経営指針」とします。

　経営理念は、会社によって、様々なものがあります。

　社会貢献など企業の存在意義を中心にしたものや、経営をしていく上で重要視している考え方について記載したものがあります。また、企業人として社会人としての心がけなどの行動指針を記載したものな

どもあります。

　中小企業の場合、経営理念という言葉が難しく感じられ、なかなか考えられないことがよくあります。そういう場合は、これから、記載する経営理念の作り方を参考にしていただきたいと思います。

　経営理念は、きちんと定義しなくても良いと考えます。自社の歴史を振り返るなどして自社に適したものを作っていただきたいと思います。

2．経営理念を作る目的

　経営理念を作る目的は、経営活動をする上での「モノサシ」を作るということです。

　企業は、この「モノサシ」を基準として経営活動を進めていくことになります。

　この「モノサシ」には、「社会での役割」と「会社の判断基準」という2つの目盛を入れていっていただきたいと思います。企業が社会でどのような役割を果たしていくのか、また、会社を運営していく上で、社員がどのような判断基準で進んでいくのかをきちんと明確にしていくことで組織が一丸となって進んでいくことができるのではないかと思います。

　企業経営をしていく上で、経営活動がこの経営理念に合っているかを常に検証していきます。そして、もし、経営理念と照らし合わせて、異なった企業経営になっていたとしたら、見直ししていくことになります。

3．経営理念の作り方

　すでに企業に何らかの経営理念があるのでしたら、それを踏襲するのが良いと思います。ただし、その経営理念が、現在の時代背景や経営内容とかけ離れているのであれば再検討してください。また、現在、経営

理念として何もないのであれば、次のようなことから考えていきます。

　第1に、経営者が経営してきたなかでのモットー（座右の銘）は何だったか。経営者がいつも言っている言葉や大切にしている座右の銘を経営理念にします。

　第2に、どうして企業を創業しようと思ったのか、創業時の創業理念やその時の思いを経営理念とします。

　第3に、普段、どういう姿勢で経営をいるか。

　普段、企業経営している際に重要視している考え方があればそれを経営理念とします。

　また、経営理念の内容は、経営をしていく上でのモノサシとなり、社員全員が共有していきますので、わかりやすいものやなじみやすいものが良いでしょう。

　しかし、経営理念を作るからといって、大手の経営理念を真似して、壮大なものを作る必要はありません。また、他社の経営理念は参考にするのは良いですがそのままマネしても何の意味もありません。

　サービス業の事例では、「…信頼と感動のサービスを提供し、夢と喜びを実現…」といったお客様を意識したものなどがあります。

3 経営ビジョンは会社の将来の夢作り

▶ **経営ビジョンは役員、社員全員が共有する将来の夢の到達点である**

1. 経営ビジョンは、会社の将来のあるべき姿(夢)を描く

将来どのような会社になりたいのかを描いていきます。

どんな会社でも、将来こうなりたいという夢があると思います。

そうした夢を経営ビジョンとしてあげていきます。

単に漠然とこうありたいというのではなく、「社長の強い思い」が必要となります。

ただし、経営改善計画の場合は、経営改善に沿った経営ビジョン作りが必要となります。

ここが経営計画とは異なります。経営計画は、これからの会社の進む将来の方向をそのまま描いていくことになりますが、経営改善計画は、経営状況が悪化した状況が起点になっています。このため、単純に将来の夢を語ることはできません。

経営改善のシナリオをしっかり描いたなかで、そのシナリオを基準として、将来の会社の方向づけとして経営ビジョンを作る必要があります。

経営ビジョンの作成にあたっては、社長1人で作成するのではなく、経営改善の委員会を立ち上げて、経営ビジョン草案を作成して決定していく方法もあります。

中小企業では、経営状況が悪化すると目先の業務に追われ、将来のことは考えていないあるいは、明確に意識していないことが多くあります。しかし、経営改善計画のなかでは、経営ビジョンは社員の夢になります。ぜひ作成していきましょう。現状をみて3年後はこうなる

と推定して経営ビジョンとして作成しても良いでしょう。

2.　経営ビジョンのステップ

　経営改善の方向性を基に、将来の夢を考えます。ここでは、何年後にこうなるという夢のステップを踏むことになります。

　この経営改善計画は、3年から想定していますので、もし、夢が長期にわたる場合は、その夢の途中のステップとして3年後は、ここまで到達すると作っていきます。

3.　経営ビジョンの内容

　経営ビジョンとしては、経営改善を基にした社長の強い思いが必要と言いましたが、「単に会社を良くしたい」というようなものでは、漠然としてわかりません。

　このため、次のような視点から作ってみましょう。

　第1に、事業領域はどこなのか

　会社は、将来、どのような事業領域を伸ばそうとしているのか。

　第2に、製品は何なのか

　会社は、将来、どのような製品を主力にしようとしているのか。

　第3に、規模はどの程度なのか

　会社は、将来、売上や利益など、どの程度大きな規模にしようとしているのか。

　第4に、社員の夢になるか

　会社の掲げたビジョンは、社員の夢に結びつけられるのか。

　このなかで、特に会社の経営ビジョンが社員の夢になるのかが最も大切です。

　会社に入社する社員にとっては、職場の環境や賃金は重要な要素となります。

◆ 経営ビジョンが社員の夢になるのが一番

しかし、それだけではありません。

会社が将来どのような経営ビジョンを掲げているかも、会社で働く大変重要な要素です。会社の経営ビジョンと自分が会社で実現しようとしている夢とが一致することによって社員は仕事にやりがいがでてきます。

こうしたことから、経営ビジョンは「社員の夢となりうるのか」は、十分に考慮したいものです。

一方、経営計画と違い経営改善計画では、経営改善を基にした経営ビジョンも求められます。経営ビジョンが経営改善とかけ離れたものでは経営改善も成り立ちません。

他社の経営ビジョンの事例で、中小企業でよくみかけるのは、株式上場です。中小企業では、株式上場は知名度も上がり、市場から大きな資金を獲得することができ、大きな夢となっています。また、会社の認知度が高くなることで社員に大きな誇りが持てます。

しかし、経営改善計画であれば、経営改善目標をクリアした先にあるものをあげる必要があります。

事例としては、新規事業進出や、新規販路拡大などが改善目標であれば、経営ビジョンとしては、新規事業で地域ナンバーワンを目指す、あるいは、○○領域での販路拡大であれば、○○領域の市場占有率ナンバーワンを目指すなどが考えられます。

　何度も言いますが、経営改善目標があるとはいえ、社員の夢になることが最も大切なものと考えます。なぜなら、それにより、社員のやる気につながるからです。

　この経営ビジョンで、会社の方向性が決まってしまいます。また、社員の夢が決まってしまいます。

　このため、経営ビジョンはしっかり考えていただきたいと思います。

4 外部環境と内部環境を分析し、会社を取り巻く状況を確認する

▶経営環境として、外部環境と内部環境を分析し状況を判断する

1. 自社の経営環境について分析

自社のおかれている経営環境について分析します

具体的には、自社を取り巻く外部環境と自社の内部環境をみていきます。外部環境と内部環境の分析手法には、SWOT分析があります。（米国スタンフォード大学で考案され経営戦略のツールとして利用されている）

これは、外部環境を「機会（Opportunities）、脅威（Threats）」という点からみて、内部環境を「強み（Strengths）」、「弱み（Weaknesses）」という点からみるものです。

SWOT分析という名前は、英語の頭文字からきています。

このSWOT分析を表にあらわすと次のようになります。

■ SWOT分析表

	良い影響がある	悪い影響がある
外部環境	機会（Opportunities）	脅威（Threats）
内部環境	強み（Strengths）	弱み（Weaknesses）

経営改善計画については、この手法は、企業の現状を知る上で利用します。具体的な事例もあげて説明していきます。

最初に外部環境を分析します。

外部環境については、政治環境、経済環境、社会環境、技術環境、

市場環境、労働環境、資金環境などの点を分析していきます。

そして、この外部環境について、SWOT分析により、「機会（チャンス）」と「脅威（問題）」から分析していきます。

「機会（チャンス）」というのは、自社にとって、外部環境がチャンスとなっていることをあげていきます。この外部環境は、一般的に、一企業で左右できるものではありません。

例えば、建設業では、政治環境面でみると住宅ローンの減税等により住宅税制が充実した場合はチャンスになります。また、社会環境面では、住宅、建築のバリアフリー化が推進されていますが、高齢者用住居の推進という点でチャンスになります。

市場環境面をみると、近年、高齢者、防災、環境の関心が高まっていますがその分野での建設の発展性があり、これはチャンスになります。

一方、「脅威（問題）」というのは、自社にとって、外部環境が問題となっていることをあげていきます。公共工事を手掛けている建設会社では、政治環境面でみると公共投資が毎年削減してきた場合は、市場が縮小してきますので「脅威」としてあげられます。また、社会環境では現在人口減少の傾向にありますので、住宅着工面からみると縮小していくため問題となります。さらに、市場環境面をみると建設需要の規模を示す建設投資額が低迷している場合は建設需要が伸び悩んでいるために問題点となります。

2. 自社の内部環境の分析

次に内部環境を分析します

内部環境については、自社の持っている財務力、人材力、商品力、サービス力、営業姿勢などの点を分析していきます。

そして、この内部環境について、SWOT分析により、「強み」と「弱み」から分析していきます。

　内部環境の「強み」というのは、自社にとって内部環境が他社より優れている点をあげていきます。

　建設業であれば、商品力で「自社に独自の工法が開発されており、他社より低コストで建設できる」などは強みになります。

　一方、内部環境の「弱み」というのは、内部環境が他社より劣っていることをあげていきます。

　人材力で「人材教育がなく社員の退職率がきわめて高い」などは弱みになります。

　また、内部環境のなかで、特に重要になるのは、財務力です。

　財務力が弱いと、設備投資や資金繰りに影響がでてきます。その他の面が非常に良くても会社の活動面に問題がでてきます。

　このため、財務力でどこが良くてどこに問題があるのかをしっかり把握する必要があります。また、この財務力の状況は、経営改善計画では経営改善目標に大きく影響してきます。そうしたことから、自社の財務力をきちんと分析する必要があります。

　次に、自社の財務力の分析方法について説明します。

　財務力は、損益計算書や貸借対照表といった決算書をみていきます。この決算書により、自社の経営成績をきちんと分析し、自社の強み、弱みを把握します。

3.　自社の財務力を分析

　自社の財務力を次により分析します。

　会社の財務力は、一般的には、収益性と効率性と安全性の3つの点からみていきます。

　第1に、収益性からみた財務力です。

　収益性とは、会社がどれだけ利益を上げているかをみるものです。この指標としては、2つの視点があります。1つ目の視点は、売上高に対してどれだけ利益をあげているかをみる売上高利益率あります。売

上高利益率には、「売上高総利益率」と「売上高営業利益率」及び「売上高経常利益率」があります。売上高総利益率（売上高に対する売上総利益）は、会社の商品がどれだけ利益を上げているかを示してします。売上高営業利益率（売上高に対する営業利益）は、会社の経費を入れた営業活動の結果どれだけ利益を上げているかを示しています。売上高経常利益率（売上高に対する経常利益）は、企業の財務面を含めた事業活動全体がどれだけ利益を上げているかを示しています。2つ目の視点には、会社の全資本（資産）でどれだけの利益を上げたかをみる総資本利益率があります。一般に、総資本経常利益率（総資本に対する経常利益）をみます。いずれも利益率が高いほど良いと判断します。

〈算式〉

（売上総利益÷売上高）×100%＝売上高総利益率（%）

（営業利益÷売上高）×100%＝売上高営業利益率（%）

（経常利益÷売上高）×100%＝売上高経常利益率（%）

（経常利益÷総資本）×100%＝総資本経常利益率（%）

第2に、効率性からみた財務力です。

効率性とは、会社の資本をどれだけうまく運用できたかをみるものです。この指標としては、会社の全資本を使って資本の何倍の売上高を上げたのかをみる総資本回転率があります。回転率が高いほど良いと判断します。

〈算式〉

売上高÷総資本＝総資本回転率（回）

第3に、安全性からみた財務力です。

安全性とは、会社を維持していく体力がどのくらいあるかをみるものです。この指標としては、流動比率と固定比率があります。流動比

率は、1年以内に支払わなければならない負債（流動負債）に対して1年以内に現金化できる資産（流動資産）がどれだけあるかをみる流動比率（流動負債に対する流動資産）があり、この指標は100%以上が望ましいとされています。また、長期的視点からは、純資産で固定資産をどのくらい賄っているかをみる固定比率（純資産に対する固定資産）があります。固定資産に投下された資本は、長期に渡り固定化されるため、できるだけ純資産でカバーできることが望ましいといわれています。

〈算式〉

（流動資産÷流動負債）× 100%= 流動比率（%）

（固定資産÷純資産）× 100%= 固定比率（%）

　以上、収益性、効率性、安全性の3つの点で財務力の強み弱みを判断していきます。

5 経営改善目標として「KGI」を設定する

▶経営改善目標は、KGIの視点から設定する

　経営改善目標は、今回の会社の経営改善をしていくなかでの改善目標となるものです。また、経営改善目標は、新たな経営ビジョンの実現のための目標となります。

　会社の新たな経営ビジョン（夢）を実現するためには、単なる願望だけでは実現しません。具体的な経営改善目標を掲げる必要があります。この経営改善目標では、「Key Goal Indicator」を設定します（以下「KGI」という）。この KGI は、重要目標達成指標といいます。

　経営改善目標の KGI としては、経営改善計画として総合的な目標指標を設定していきます。

　KGI で設定する目標指標としては、次のようなものがあります。

1. 財務改善目標

　財務改善目標については、代表的な指標を記載していきます。財務数値をあげるための具体的な施策については経営改善のための主要施策で記載していきます。

(1) 売上高を目標とする

　売上高は、計数としては非常にわかりやすいため、よく目標として使われます。この目標により、社員は、設定した売上拡大を目指すことになります。しかし、この目標だけだと売上は上がっても利益が出ないという場合が想定されます。このため、売上を目標の数字とする

場合は、利益目標の設定も望まれます。

(2) 営業利益を目標とする

　会社は、利益を上げることが第一の目的です。このため、会社の目標としては、利益を上げることが第一にきます。

　そして、利益のなかでも営業利益は、営業活動で得た利益であるため、売上高と同様にわかりやすい目標です。

(3) 総資本営業利益率（営業利益÷総資本×100％）を目標とする

　総資本営業利益率は、会社の全資本でどのくらいの営業利益を上げたか判断するもので、会社の収益性を総合的に見る点では優れています。業界の指標や過去の指標などを参考にして率を決定していきます。

(4) 売上高営業利益率（営業利益÷売上高×100％）を目標とする

　売上高に対してどれだけ営業利益を上げたかを示すもので、利益率の高さをみる点で指標として優れています。これも、総資本営業利益率同様に業界の指標や過去の指標などを参考にして率を決定していきます。

2. 業務改善目標

業務改善目標としての代表的なものには次のようなものがあります。

(1) 自社固有の技術の開発

　中小企業では、取引先企業の下請になっている場合が多くあります。下請けの場合、親企業から決められた単価がある、度重なるコストダウン要請があるなどにより、思うような利益はなかなかあがりません。こうしたことに対応するために、自主固有の技術の開発を一定期限内に目指します。脱下請化を目指すのであれば、独自の専門的な技術開

発が目標となります。

⑵　新分野への進出

　既存市場が成熟している場合は、広く新たな事業分野に活路を見出すことも選択肢の1つです。培ってきた技術を応用するなどして、一定期限で目指す新分野進出を目標とします。

⑶　社内の仕組みの構築

　コンピュータの導入などにより、一定期限内に手作業による事務の機械化などを行います。ただし、コンピュータの導入は、初期費用が相当必要となるため、費用対効果をしっかり検証する必要があります。

　いままであげた財務改善目標も業務改善目標も、経営改善目標としてはごく一部です。自社の経営形態に適した目標を設定していく必要があります。

6 経営方針として自社の経営資源の活用を決める

▶人、物、金、情報という経営資源の活用が、
経営改善計画を支える

1. 自社の経営資源の活用

　人、物、金、情報の活用の仕方を作ります。

　経営改善目標を達成するために、経営方針として、自社の経営資源をどのように活用していくのか決めていきます。経営資源の定義については、様々な考え方がありますが、ここでは、「人」、「物」、「金」、「情報」の枠組みで考えていきます。

　なお、中小企業基本法では、経営資源について、「設備、技術、個人の有する知識及び技能その他の事業活動に活用される資源をいう」と規定されています。

　さて、この経営資源である、人、物、金、情報について基本的なものを考えていきます。

　第1の「人」は、次のようになります。

(1)　組織のあり方

　どのような組織体制を組んでいくのかを考えます。事業部制や機能別組織なのかいろいろな組織形態はあると思いますが、経営改善目標を達成するための組織を考えていきます。

(2)　人材の育成・活用

　どのように人材を育成または活用していくのかを考えていきます。

　第2の「物」は、次のようになります。

⑴　設備の取扱い

　現在所有している設備をどのように取扱っていくのか、また、新たな設備が必要なのかを考えていきます。

⑵　製品（商品）の取扱い

　現在の製品（商品）をどのように取扱っていくのか、また、今後とのような製品（商品）構成にしていくのかを考えていきます。

　第3に「金」は、次のようになります。

⑴　運転資金

　運転資金を含む日常の資金をどのように調達していくのかを考えていきます。

⑵　設備資金

　設備投資にかかる資金をどのように調達していくのかを考えていきます。

⑶　開発資金

　新製品開発や新技術開発に伴う資金をどのように調達していくのかを考えていきます。

　第4に「情報」は、次のようになります。

⑴　定量的な情報

　経営情報、原価情報、販売情報などの数値情報をどのように取扱っていくのかを考えていきます。

⑵　定性的な情報

市場情報、顧客情報、技術情報、商品情報や人事情報など定性的な情報の管理をどのように取扱っていくのか考えていきます。

また、社内のシステム化をどのようにしていくのかも考えていきます。

◆ 経営資源の4つの柱

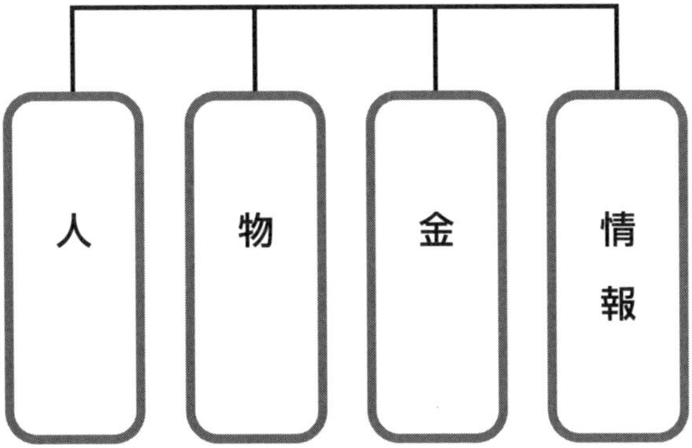

7 目標利益計画を作る

▶ 3カ年の年度別と単年度月別の目標利益計画で目標計数を明示する

1. 目標利益計画作り

　目標利益計画は、経営改善目標を基に3カ年の目標利益計画を作成します。

　まず、目標利益計画の形式を説明します。

　目標利益計画には、決まった形式はありません。

　ここでは、目標利益計画としては、売上高、売上原価、売上総利益、一般管理費等（販売費含む）、営業利益の損益項目で作成しています。

　なお、損益項目については、自社の現状に応じて、売上原価に材料費、労務費、経費などの内訳を設定します。また、一般管理費等も内訳として、人件費、リース料、減価償却費など設定しても良いでしょう。営業利益のほか、営業外損益や経常利益などの損益項目を加えたりしても良いでしょう。

(1) 目標利益計画の作成

　目標利益計画の計数は、設定した経営改善目標と3カ年の事業展開などを予測して3カ年の損益数字を決定していきます。

　右側の実績欄には、当該年度の決算が終了後に、その実績を記入します。

　そして、当初設定した目標と実績差額について「成果と反省」欄にコメントを記入します。

◘ 目標利益計画

(単位：百万円)

項　目	○年度計画	○年度計画	○年度計画	○年度実績	成果と反省
売上高	1,200	1,300	1,400	1,200	売上高は計画通
売上原価	960	1,040	1,120	960	り達成した。一
売上総利益	240	260	280	240	方、人件費が増
一般管理費等	180	195	210	200	えたため営業
営業利益	60	65	70	40	利益は計画を下
					回った

(2)　月別目標利益計画の作成

　3カ年の目標利益計画が設定したら、初年度目標利益計画を作成します。これは、毎月、目標利益計画が実際に予定通り推移しているのかをみるために作成します。項目は、目標利益計画と同じ損益項目で月別に計画し、毎月実績を記入できるようにします。

◘ 月別目標利益計画

(単位：百万円)

項　目	区分	○月	○月	○月	○月	○月	○月	○月	○月	○月	○月	○月	○月	合計
売上高	計画	100	100	100	100	100	100	100	100	100	100	100	100	1,200
	実績													
売上原価	計画	80	80	80	80	80	80	80	80	80	80	80	80	960
	実績													
売上総利益	計画	20	20	20	20	20	20	20	20	20	20	20	20	240
	実績													
一般管理費等	計画	15	15	15	15	15	15	15	15	15	15	15	15	180
	実績													
営業利益	計画	5	5	5	5	5	5	5	5	5	5	5	5	60
	実績													

　月別利益計画の作成は、年度単位の目標利益計画を12等分し、月次単位に割り振ります。ただし、季節変動の大きい会社については、過去の季節変動の実績を分析し作成する工夫が必要です。

■ 経営改善目標を基に目標利益計画を作成

経営改善目標	→	経営改善目標を基に3カ年の目標利益計画	→	目標利益計画を基に月別目標利益計画

8 経営改善目標達成のための主要施策を作る

▶経営改善目標を達成するための
具体的な施策を作る

1. 主要施策は、経営改善目標、目標利益計画達成のためのシナリオ

　主要施策については、全社に共通する施策は、共通部門として作成し、部門固有の施策は、各部門で作成します。

　また、主要施策は、各部門について3カ年に渡って作成します。

◆ 主要施策の例

部　門	○ 年度	○ 年度	○年度
共通部門	・ISO9001の認証取得　6月より取得準備開始	・ISO9001の認証審査	・ISO27001の認証取得　4月から取得準備開始
	・不要資産の処分	・不要在庫の見直し	・新たな設備投資の検討
営業部門	・東京エリアの新規先拡大　20先開拓	・茨城エリアの新規先拡大　20先開拓	・新たに神奈川エリアの開拓　5先開拓
	・既存先の売上拡大　1億円の増加	・既存先の売上拡大　1億円の増加	・新規先の開拓　1億円の増加

2. 主要施策の内容

　第1は、主要施策の施策数は、次のようにします。

　前述のフォーマットでは、各部門で2つの施策にしてありますが、原則として数は問いません。しかし、あまり、あれもこれもと施策を広げすぎるよりは、当該年度に必ずやらなければならない重要な施策を上げていただきたいと思います。また、施策は、優先順位を付け、重要度の高い施策に的をしぼり選定しましょう。

第2は、主要施策は、次のように選定します。

(1)　経営改善目標とリンクした施策を選定すること

　経営改善目標にリンクした施策を選定してください。経営改善目標にリンクしなければ経営改善目標を達成することができません。部門長の勝手な判断で部門のやりたいことを選定することはしないでください。また、施策は目標利益計画の計数も意識して作成してください。

(2)　定量化できる施策を中心にすること

　施策は、効果がわかり定量化できるものを中心にします。ただし、定量化できない施策でも、経営改善目標と目標利益計画を達成するために重要であれば、施策としてのせます。

(3)　施策が実際に行動計画として展開しやすいものにすること

　施策としてあげても、施策を実際の行動計画に落とし込める必要があります。月次の行動計画として計画することができなければ進展しません。

(4)　経営者、部門長がよく協議して決めること

　部門独自に施策を設定してもいいのですが、施策によっては、経営者や他の部門の協力が必要なものもあります。その場合は、経営者や他の部門とよく協議して設定してください。ともに共通認識を持つことが大切です。

　最後に、主要施策を作成する上で注意すべき点を次にあげます。

(1)　難しい施策をあげてしまう

　経営改善目標を早く達成しようという思いから、初年度から、難しい施策を作成してしまうことがあります。

⑵　実施しやすい施策をあげてしまう

　実施しやすい施策は達成しやすいものとなりますが、期間が限定されている経営改善目標や目標利益計画を達成できません。

⑶　施策が抽象的な表現になってしまう

　施策が努力するなどの抽象的な表現を使う場合があります。それでは、行動計画も同様に抽象的なものとなってしまいます。

3．経営改善のための具体的な主要施策

⑴　経営改善の主要施策について

　KGIで設定した財務改善目標や業務改善目標に対してあげられる具体的な主要施策には、次のようなものがあります。

①　取扱製品の販売価格下落対策

　現在の製品で赤字となっている製品を見直しして、原則撤退していく。ただし、建設業のように、1工事ごとの採算において赤字計上している場合は、工事ごとの実行予算管理の徹底や工事の受注の見直しが必要となります。

②　販売先の価格引下げ要請による赤字対策

　販売先の専属的な下請けになっている場合は、価格の引き上げはなかなか難しいと考えます。

　このため、新たな販売先を開拓して、複数取引先にしていくことが必要となります。

③　自社製品の価格下落対策

　自社の製品が市場で競合他社との関係などで価格が下落している場合は、新たな製品や技術開発をしていく。

他社にない技術や品質を持つことが大事になります。

④　コスト対策

A．売上原価対策

　a．自社の生産工程を見直しして効率化

　b．作業工程の標準化に取り組み生産性を向上

　c．外注コストの価格引き下げ

　　•外注先との価格引下げ交渉を行います。

　　•外注部分について、自社で内製化できないか検討し、採算が
　　　あえば、内製化していきます。

　　•海外調達を含めて新たな調達先を開拓していきます。

　d．購入先の価格引き下げ

　　•購入先との価格引下げ交渉を行います。

　　•海外調達を含めて新たな調達先を開拓していきます。

　e．在庫の削減

　　　余分な在庫は、購入費や保管費用も掛かるので見直しします。

B．販売費一般管理費対策

　a．人件費

　　　事務職の社員の営業化を促進します。

　　　営業職員が外部営業していることに対して、内部営業として
　　　取引先にメール営業や電話営業を行う。

　　　また、営業の事務処理の代行をしていく。

　　　さらに、売上に対応した人員でない、あるいは経費負担が厳
　　　しい場合は、人件費の削減計画を作成し実行します。

　b．固定費

　　　家賃等の固定費が利益に見合わないのであれば、営業所の統
　　　廃合や本社移転を検討します。

⑵　販売市場の見直しをする場合の考え方

　アンゾフの成長ベクトルを基に考えることができます。

①　既存の市場への深耕

　すでに販売している市場に既存製品をさらに販売して売上を拡大していく。この場合は、既存のお客様に製品の価格を下げたり、購入頻度を増やしたりすることを促進することが考えられます。また、競合他社のお客様を当社に乗り換えていただくことが考えられます。

②　既存の市場に新製品開発

　現在の市場に対して、新たな製品、例えば大型機械であれば軽量化した小型機械を販売したり、既存製品の機能を追加したりすることが考えられます。

　ただし、この場合、研究開発などの機能を持っていることが必要となります。

③　既存製品を新市場に導入

　既存製品を新たな市場に販売していくことです。いままで、販売していなかった地域に販売することなどが考えられます。

④　新製品を新たな市場に導入

　新製品により、新たな市場を開発することです。難しいと思いますが、自社で、まだ未使用の資源等がある場合には導入は可能だと考えます。中小企業では、資源も技術開発力も弱い場合が多くなかなかできない領域です。

9 主要施策を実行するための行動計画を作る

▶行動計画は、主要施策を実行するための
具体的な行動プランである

1. 行動計画の作成と実施

　行動計画は、主要施策で掲げた施策を具体的に行動目標に展開していくことです。行動計画は、次のように月別に1年間作成していきます。

2. 行動計画の作成方法

(1) 具体的行動計画

　主要施策で実施すると決めた内容について、具体的にどのようなことを実施していくかを決めます。

　例えば、「東京地区の新規顧客開拓」という施策が掲げられていた場合には、行動計画としては、「新規顧客開拓に向け、開拓チームを編成する」というようになります。

(2) 責任者

　責任者としては、具体的に決めた行動計画を主体となって遂行する者を記載します。

(3) 計画線表

　具体的行動内容をいつから始めていつまでに終了にするのかを計画欄に線を引きます。

⑷ 実績線表

具体的行動内容をいつから始めていつまでに終了したかを実績欄に線を引きます。

⑸ 成果と反省

具体的行動内容を実行した結果、どのような成果になったかを記載します。また、成果について問題などがなかったか検証し記載します。

◪ 行動計画の例

部門	具体的行動内容	責任者	区分	○月	○月	○月	○月
○○部門	東京地区新規開拓に向けチーム編成	山田太郎	計画	→			
			実績				

○月	○月	○月	○月	○月	○月	○月	○月	成果と反省

3. 作成上の注意

⑴ 具体的行動内容

主要施策にそった行動内容を記載します。主要施策と関係のない内容を実施しないようにしてください。また、行動内容で実行する内容

は、具体的なものを記載してください。計画内容が抽象的だと実施することができませんし、仮に実施しても成果に結びつきません。

⑵　責任者

　部門の計画ですが、部門長が最終責任者だからといってすべて部門長にしないでください。部門長は最終責任者ではありますが必ずしも実行責任者ではありません。ここでは、実行責任者を記載します。

⑶　線表

　具体的行動内容の計画線表を正確に記載してください。とりあえず年度初めから年度終了まで計画線表を引く例がありますが、目指す計画線表を引いて、効率的に計画を進めるようにしましょう。

⑷　成果と反省

　期日は、当初計画通りの線表で実績として終了したかをみます。次に、具体的行動内容にしたがった成果が出たかをみます。成果が当初予定通りでなければ、その原因を追究して、今後とどのようにしていくかを記載していきます。

10 経営改善計画作成上の問題点と対策

▶経営ビジョン達成のために経営改善計画の内容をチェックする

1. 経営改善計画を作成していく上での問題点と発見するポイント

経営改善計画を作成していく上での問題点は次のようになります。

第1は、現実離れした計画を作成してしまう。

自分の会社の置かれている外部環境や内部環境を考えないで、理想的な姿を浮かべて作ってしまうことがあります。そうなると出来上がった経営改善計画は、理想的なものではある反面、現実的には到底達成できないようなものが出来上がってしまいます。社員としては現実的に達成できない計画に対して、できるはずがないと思ってしまい、やる気を失ってしまうということになります。

第2は、第1とは反対に、やさしい経営改善計画を作成してしまう。

経営改善計画は、経営ビジョンを頂点に、経営改善目標、経営方針、目標利益計画、主要施策、行動計画を作成していきます。しかし、経営改善計画の頂点に立つ経営ビジョンが低いレベルになった場合は、経営改善目標以下はそれにしたがって作成していきますので、簡単に達成できるような目標を設定していくようになります。実施していく社員にとっては楽なものになりますが、会社としては達成した成果はとても小さなものになってしまいます。

第3は、経営改善計画の内容に整合性がない。経営ビジョン、経営改善目標、経営方針、目標利益計画、主要施策、行動計画は、つながって作成しているものです。しかし、それぞれが全く関連しないで作成していきますと、経営改善計画の内容はバラバラとなってしまいます。その結果として、最終的には経営改善目標が達成できなくなり、経営

ビジョンに到達しないということになります。

第4は、定量的な目標が設定されていない。

経営改善目標や主要施策、行動計画に定量的な内容が設定されていない場合があります。経営改善目標や主要施策、行動計画に定量的な内容が設定されないと成果が測定できません。このため、目標に向かってどこまで進んでいるのか、あるいは目標に本当に近づいているのかそうでないのかがわからなくなってしまいます。また、成果が出ているのかも把握できません。成果がわからなければ、計画に携わっている社員は、どこまでやったという達成感も味わうことができず、やる気がなくなったり、マンネリ化したりしてきます。

第5は、PDCAが回っていない。

後述します行動計画管理表では、月別に目標を設定し、毎月実行します。しかし、計画と実行の差異や目標数値と成果との差異を検証しなかったり、改善策を実施しなかったりすると何も改善されません。差異が生じている場合は、その原因を追究するとともに改善策を講じなければなりません。何もしなければ、行動計画は達成できません。

第6は、経営改善目標や目標利益計画に根拠がない。

経営改善目標の数字や目標利益計画を設定しても、その数字を達成できる根拠がなければ達成できません。それには、作成した主要施策や行動計画のなかでその数字が達成できるものが求められます。もし、主要施策や行動計画のなかに経営改善目標や目標利益計画の根拠がなければ、単に願望の数字でしかありません。

第7は、現場が経営改善計画を知らない。

経営改善計画について、社長とごく一部を幹部のみで作成し、その他の社員には発表しないことがあります。これでは、現場は経営改善計画のことは何も知りません。このため、目的意識もなく、単に日常業務を行っているだけになります。経営改善計画が上層部だけで空回りして現場はついてきませんので、経営改善計画の成果は期待できません。

2. 経営改善計画を作成していく上での問題点を発見するチェックポイント

　具体的には、作成した経営改善計画に問題があるかどうかは、次の「経営改善計画のチェック表」で確認してください。

　特に、借入金の返済など取引金融機関との折衝が必要な場合は、経営改善計画は、取引金融機関とも十分に協議の上、進めてください。

　もし、内容問題がある場合は、経営改善計画の見直しをしてください。また、この表で特に重要なのは、経営改善計画を具体的に推進していく主要施策と行動計画となりますので、当該項目は、しっかりチェックしてください。

　次の表を基に作成した経営改善計画をチェックしてください。

項　目	チェック内容
経営理念	・経営理念は、わかりやすいか ・経営理念は、行動していく上でのモノサシになるか
経営ビジョンと 経営改善目標	・経営ビジョンは、経営改善の方向と合っているか ・経営ビジョンは、わかりやすいか ・経営ビジョンの内容は到達基準として明確になっているか ・経営ビジョンは経営改善目標とリンクしているか ・経営改善目標に成果が測定できる計数が入っているか
外部環境と 内部環境	・会社を取り巻く外部環境の機会、脅威の分析は適切か ・会社の強みは明確になっているか ・会社の弱みは明確になっているか
経営方針	・経営改善目標、外部環境、内部環境に基づいた方針になっているか ・経営改善目標を達成するための人、物、金、情報の取組みは適切か
目標利益計画と 月別目標利益計画	・経営改善目標に対応した目標利益計画を作成しているか ・目標利益計画は、形式的に作成していないか ・年度の目標利益計画は、季節要因などを考慮しているか ・予算管理表がある場合は、計画と実績の差異対策ができているか

主要施策と行動計画	・主要施策は、目標利益計画を基本に作成しているか ・主要施策には、成果が測定できるが施策が入っているか ・主要施策と行動計画は、連動しているか ・行動計画には、具体的に施策を実現する仕組みが入っているか ・行動計画の計画線表は、適切な期間を設定しているか ・行動計画管理表がある場合は、月別に具体的な行動内容を展開しているか ・行動計画管理表がある場合は、計画と実行の差の検証と改善策はできているか ・行動計画管理表がある場合は、目標数値と目標数値結果の差異の検証と改善策はできているか
成果と反省	・目標利益計画の成果と反省ができているか ・行動計画の成果と反省ができているか ・総括欄は、年度全体を振り返り、成果と反省ができているか
取引金融機関	・経営改善計画は、取引金融機関に説明し、内容についてのすり合わせができているか
その他	・経営改善計画は、全員で共有するため、わかりやすい内容で書かれているか

第3章

個人の目標管理

1 個人の目標管理で行動計画を実施する

▶個人が行動計画を基に目標管理を行い、
確実に行動計画を実行する

1. 個人の目標管理を行う

　各部門の指導者（以下「上司」という）が指導対象者（以下「部下」という）に対して、経営改善計画に基づいた部門の行動計画を説明します。それに基づいて、部下は、半年ごとの仕事の目標を定量的あるいは定性的に作成し実施していきます。そして、その目標に基づいて毎月行動した結果を記載して、上司のアドバイスを受けるものです。

2. 個人の目標管理の目的

　個人の目標管理の目的には、次の3点があります。

　第1に、経営改善計画についての個人の展開です。

　経営改善計画を推進していくのは、最終的には個人になります。経営改善計画は、会社の経営改善目標、主要施策、行動計画、そして個人の仕事とリンクしていきます。しかし、上からの押しつけの仕事のやり方ではなく、部門の行動計画に対して個人が自ら目標設定して管理していくことで、やる気につなげます。

　第2に、人事考課に利用します。

　社員一人ひとりの業績や能力の向上度合いを目標管理により、的確に把握し、それを公平に評価することにより、賞与等の査定や人事の処遇に反映させることができます。

　第3に、社員の能力開発をします。

　自らが主体的に目標を設定し進めていくことは、主体的な能力開発

につながります。また、目標管理についての部門長との進捗面談により部門長の指導、助言に基づき人材育成をすることができます。

3. 個人の目標管理の流れ

◆ 個人の目標管理の流れ

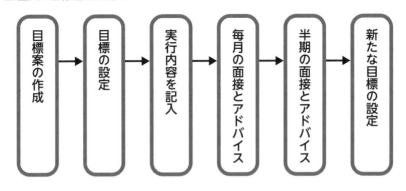

4. 目標管理の手順

(1) 準備

① 「個人目標管理表」の制定

　個人目標管理表を導入するにあたり、各社員が行動計画を実施するために、別紙の「個人目標管理表」(以下「管理表」という)を使用します

② 部下の決定

③ 指導期間の決定 (上期　〇月〇日〜〇月〇日) (下期　〇月〇日〜〇月〇日)

④ 上司の決定

⑵　個人目標の設定の基本

①　個人目標の設定のアドバイス、そして新たな目標の設定に至る過程において、部下と上司は十分な話し合いを持つことを基本とします。

②　個人目標の設定については、自己申告を基本とするので、その個人目標は「自分が何を目標にすべきか」という点を十分に認識した上で行います。

⑶　個人目標の作成

①　個人目標は部門の行動計画に沿ったものとするため、あらかじめ上司は部下に対して、部門の行動計画の説明を行い、上司が部下に対して何を期待し、要求しているかを明らかにします。

②　上司は部下に対して、部門の行動計画に基づいて、何を持って個人目標とすべきなのかを十分に考えさせ、その上で自己申告させます。

⑷　個人目標の決定

①　部下は、上司と個人目標の内容について十分な話し合いを行い、個人目標を正式に決定します。また、個人目標を遂行するにあたっての実施期間を管理表に明確にし、あわせて目標達成の時間管理を徹底します。

②　個人目標は次の点に十分留意して、適時適切なものを設定します。

A．部門の行動計画にリンクしたもので、できるだけ貢献度が明確になるものを原則とします。

B．原則として担当職務内容に応じたものとします。ただし、現在の職務内容以上の目標についても、チャレンジ目標として積極的に設定することを望みます。

　　Ｃ．達成度が明確に把握できるよう、できるだけ計量的なもの
　　　とします。
　③　決定した個人目標については、相当な環境変化等の理由がない
　　限り、期中において目標数字等の変更を行なわないことを原則と
　　します。

(5)　スケジュール

　個人目標を達成するために、実行すべきことと毎月何を行ったかその月の実行欄に記入します。

(6)　面接の実施

　①　上司は毎月及び半期ごとに面接を実施し、目標の進捗状況をチェックします。
　　　その際、新たな目標が発生しており、部下と上司の話し合いの上、個人目標として追加する必要がある場合には、新たに個人目標を追加します。

(7)　アドバイスの作成

　上司は、個人目標について、毎月及び総括として半期ごとに実行した内容を精査して、アドバイスを記入します。

⑻　個人目標管理表のフォーマット

氏　名						年　月　日
				部門長		

個人目標管理表（半期）

経営改善目標	
部門行動計画	
個人目標	

個人目標を達成するために実行すること

実行月	個人目標を達成するために実行したことを具体的に記入する	達成度	部門長アドバイス
年　月			
年　月			
年　月			
年　月			
年　月			
年　月			

目標達成結果 （半期終了後）		

(注)達成度は、当初の個人目標に対して何パーセントの達成度合いとなったかを記入する。

第4章

経営改善計画は
Ａ４用紙1枚で作る

1 経営改善計画は A4用紙1枚で作る

▶経営改善計画は誰でもが容易に
作れるものが良い

1. 経営改善計画は、作りやすく、管理しやすいものにする

経営改善計画は、企業により各社各様でいろいろな経営改善計画を
みることができます。

経営改善計画は、様式が決まっているわけではありません。このた
め、いろいろな様式の経営改善計画があります。

コンサルタントが経営改善計画の作成を指導する場合に、数10枚に
なるケースを見受けます。

経営理念から始まって、経営ビジョン、経営改善目標、経営課題、
企業環境分析、自社経営力分析、利益計画、資金計画、販売計画、生
産計画、設備投資計画、人員計画、製品の需要予測、売上高傾向分析、
新製品計画、研究開発計画、部門別計画などいろいろな計画を作成し
ています。なかには、50枚を超える場合もあります。また、経営改善
計画について記載されている本を見ても相当な枚数の経営改善計画が
紹介されています。

大企業の場合は、経営改善計画作成の事務局などを設け専任の担
当者が経営改善計画を取りまとめていますので、経営改善計画のボ
リュームがあっても作成することができます。

しかし、中小企業の場合は、人数が限られていて、経営改善計画を
作成する専任のスタッフがいません。売上高が10億円未満の企業にな
ると部門や職務を兼任したりしています。

これでは、経営改善計画を作ろうとしても、日常の仕事に追われ、
なかなか時間を作ることができません。ましてや、経営改善計画が煩

雑になればなるほどそれだけで作成するのが難しくなります。この結果、折角、経営改善計画を作成しようとしても途中でやめてしまったり、損益計画だけで終了したりしています。

こうした状況から、なんとか簡単に作成できる経営改善計画を作ることを目的としたものがＡ４用紙１枚の経営改善計画です。Ａ４用紙１枚の経営改善計画に、必要と考える項目を入れるとともに、記載内容もＡ４用紙１枚に収まるように作成してあります。

2. A4用紙1枚に入れるもの

経営改善計画作成の**「意義」**を入れます。なぜ経営改善計画を作成するかをこの機会に全社員が理解するために重要です。

次に**「経営理念」**を入れます。これは、企業の行動指針になるためのもので、いわば企業の憲法になります。

そして、経営改善計画の将来を示す**「経営ビジョン」**を入れます。

これは、経営改善計画の中心になるもので、この経営ビジョン達成を目指して経営改善計画が進めていきます。

さらに、経営改善目標作成のために**「外部環境分析」**と自社の**「内部環境分析」**を入れます。この環境分析が、経営改善目標の基になります。

そして、経営改善計画の目標として**「経営改善目標」**を入れます。この経営改善目標は、経営ビジョンにつながっていく重要な目標になります。

この経営改善目標を実現するために、**「経営方針」**として、人、物、金、情報の経営資源の取組みを入れます。

ここまでが、**「経営改善計画の基本部分」**になります。

この基本部分を基に、経営改善計画が展開されていきます。

まず、３年間の**「目標利益計画」**を入れます。同時に、初年度の**「月別目標利益計画」**も入れていきます。

＜基本フォーマット＞
○○会社
【計画期間：令和○○年度～令和○○年度】

経営改善計画書

（ 副題　　　　　　）

1. 意義

2. 経営理念

3. 経営ビジョン（3年後あるいは将来）

6. 経営改善目標（3年後）

4. 外部環境

○○環境	（機会）：
	（脅威）：
○○環境	（機会）：
	（脅威）：
○○環境	（機会）：
	（脅威）：
○○環境	（機会）：
	（脅威）：
その他環境	（機会）：
	（脅威）：

5. 内部環境

| 強　み | |
| 弱　み | |

7. 経営方針

（人） ：
（物） ：
（金） ：
（情報）：

10. 主要施策

部門	○○年度	○○年度	○○年度
○○部門			
○○部門			
○○部門			
○○部門			

11. ○○年度の月別行動計画

部門	具体的行動内容
○○部門	
○○部門	
○○部門	
○○部門	

令和〇〇年度

令和〇〇年〇〇月〇〇日作成

8. 目標利益計画

(単位：百万円)

項目	〇〇年度計画	〇〇年度計画	〇〇年度計画
売上高			
売上原価			
売上総利益			
一般管理費等			
営業利益			

〇〇年度実績	成果と反省

9. 〇〇年度の月別目標利益計画

(単位：百万円)

項目	区分	〇月	〇月	〇月	〇月	〇月	〇月	〇月	〇月	〇月	〇月	〇月	〇月	合計
売上高	計画													
	実績													
売上原価	計画													
	実績													
売上総利益	計画													
	実績													
一般管理費等	計画													
	実績													
営業利益	計画													
	実績													

12. 〇〇年度の総括（成果と反省）

責任者	区分	〇月	〇月	〇月	〇月	〇月	〇月	〇月	〇月	〇月	〇月	〇月	成果と反省
	計画												
	実績												
	計画												
	実績												
	計画												
	実績												
	計画												
	実績												
	計画												
	実績												
	計画												
	実績												
	計画												
	実績												

　そして、この目標利益計画を達成するために、3年間の**「主要施策」**と、主要施策達成のための**「行動計画」**を入れます。この主要施策と行動計画を実行していくことにより、目標利益計画が達成されていくことになります。

◪ 経営改善計画のフロー

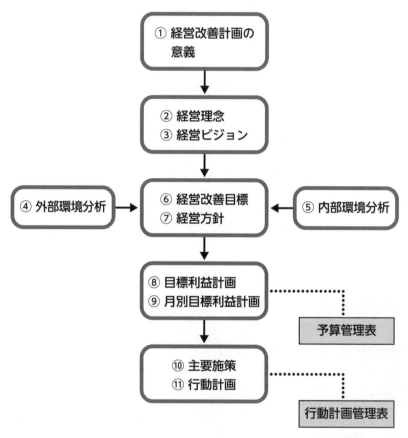

（注）予算管理表と行動計画管理表は、事業規模により必要に応じて作成します。

2 良い経営改善計画は、具体的に作っている

▶ 経営改善計画の項目ひとつひとつが
明確でわかりやすいと行動しやすい

1. A4用紙1枚の良い経営改善計画の事例

　この経営改善計画の実例は、地方都市のカステラ製造会社です。売上高は5.5億円です。社員は50人です。

　カステラのみを製造しており、地方都市では、老舗となっています。

　今後は、地方都市ナンバーワンを目指すとともに、首都圏にも進出を予定しています。

　この経営改善計画の最大の目標は、経営改善計画の副題にも掲げていますが、3年後売上高7億円と売上高営業利益率7％です。この目標の基に、経営改善計画全体のシナリオが作成されています。もちろん、この目標の先には、地域ナンバーワンという経営ビジョンがあります。

　別紙の実際の経営改善計画を検証してみます。

　まず、経営改善計画の意義ですが、自社の置かれている立場と課題を明確に示すとともに、目指す先もしっかり打ち出しています。なぜ、経営改善計画を立てるのかを社員全員がしっかり理解していると実際に経営改善計画を進めていく場合に現場ではスムーズに運びます。

　次に、経営理念は地域社会に貢献するというモノサシを提示しています。このモノサシをモットーとして活動していくことになります。

　経営ビジョンは地域ナンバーワンとしています。過当競争下にあるカステラ業界において、地域ナンバーワンになることは容易ではありません。しかし、ナンバーワンこそが地場で生き残る道と考えていま

す。社員にとっても、わかりやすいビジョンです。

　外部環境は、政治環境から市場環境までコンパクトにまとめています。自社の置かれている環境を理解することは、その環境に適用した行動をとることができます。外部環境にしっかり適用した行動をとっていくことが重要なポイントになります。

　内部環境は、自社の強みを3点あげています。わが社の武器はこれだということを押さえていると自信を持って進んでいくことができます。

　一方、自社の弱い点も3点捉えています。これが自社の課題だということがわかります。弱点をしっかり理解していれば、それを克服する手段が明確になります。

　経営改善目標は、財務改善目標として売上高と売上高営業利益率を上げ、業務改善目標としてカステラ素材の〇〇新商品開発を上げています。売上高と利益を押さえたところはバランスがとれています。また、新商品開発を目指している点も良いと思います。

　経営方針は、経営改善目標、環境、目標利益計画を基に、会社として取組むべき方針を4つの視点（人、物、金、情報）から作成しています。

　目標利益計画は、経営改善目標を基に作成されています。また、年度内の月別目標利益計画も季節要因を考慮して作成しています。

　主要施策は、目標利益計画を基に、部門別に実施していく課題を期日と定量的にあげています。期日と定量は年度で成果を図れるのでとても大切なキーワードです。

　行動計画も主要施策を受けて、月別に具体的にどのような仕組みで実施していくのかがあげられています。行動計画では、ただ、施策を実施していくということではなく、どんな仕掛けで進めていくのかが重要になります。特に、この行動計画は、日常実際に活動していく内容なので、現状と比較して、問題がないかしっかり検証しましょう。

◘ 良い経営改善計画は、行動計画から経営ビジョンまで連動

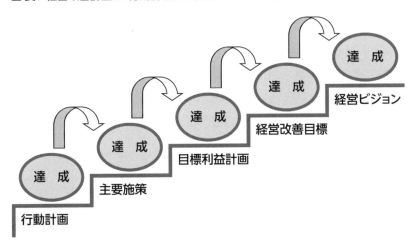

経営改善計画書

○○カステラ製造株式会社
【計画期間：令和○○年度～令和○○年度】

(副題：プロジェクト　77)

1. 意義

　当社を取巻く状況としては、家計消費支出をみると菓子類全体としては増加傾向にあるにもかかわらず、カステラに関しては減少傾向にある。
　一方、社内では、社員の技術職の高齢化が進み若年層の教育が必要となっている。
　こうした状況において、当社の経営基盤を確かなものにするために、今回、経営改善計画を作成した。この経営改善計画にしたがって、全員が共通の認識を持って進んでいってもらう
　経営ビジョンは、「○○地域のシェアナンバーワン」である。このビジョンの基に経営改善目標を作成している。
　また、全員に経営計画の目標をわかりやすくするために、『プロジェクト77』のサブタイトルを付けた。77とは、売上高7億円、売上高営業利益率7％をいう。

2. 経営理念

　1.カステラで、家庭に笑顔を届ける。
　2.カステラのおいしい味の追求する。

3. 経営ビジョン（3年後あるいは将来）

　○○地域のシェアナンバーワンになる。

6. 経営改善目標（3年後）

　1.売上高　　　　7億円
　2.売上高営業利益率　　　7％
　3.カステラ素材の○○商品の開発

4. 外部環境

政治環境	（機会）	：法改正等で国内に外国人が
	（脅威）	：規制緩和を打ち出し、各業
経済環境	（機会）	：低金利で推移している
	（脅威）	：景気が低迷しているた
社会環境	（機会）	：インターネットやSNSの
	（脅威）	：労働力人口が減少して
市場環境	（機会）	：付加価値の高い商品が
	（脅威）	：お菓子類をはじめ、嗜好
その他環境	（機会）	：世代交代の中で、良い
	（脅威）	：カステラの老舗の地盤

5. 内部環境

強　　み	・創業34年の歴史を持ち、3代目 ・地域では、当社のカステラの味 ・独自のカステラ製造技術を保有し付
弱　　み	・年功序列的な体質が温存している ・生産の管理が確立していないた ・営業先が固定化しており、新規

7. 経営方針（経営資源の取組）

（人）：人材教育を進めて能力開発を行う。
（物）：新規機械導入等により生産効率と
（金）：設備資金、運転資金管理を徹底す
（情報）：社内システムを整備し、業務の効

10. 主要施策

部門	○○年度	○○年度	○○年度
共通部門	・5S活動の導入・推進（4月～3月）	・改善提案制度の導入・推進（4月～3月）	・新人事制度の構築 賃金体系の見直し
	・HACCPの導入 認証取得準備9月開始	・HACCPの認証取得 認証審査6月合格	・HACCPの継続
営業部門	・新規百貨店の開拓 2先新規	・新規ルートの開拓 1先新規	・イベントの推進 百貨店等イベントに参加
	・ネット店舗販売の推進 ネット売上5％増加	・販店、軽食店の強化 店舗の売上5％増加	・新店舗を出す 1店舗新設
製造部門	・新商品開発と開発体制 整備　2商品開発	・新商品の開発 2商品開発	・新商品の開発 2商品開発
	・工場の省人化、効率化 生産コスト5％削減	・作業手順書の整備 製造に関わる手順書完成	・経費のムダの削減 経費5％削減
総務部門	・社員の教育体系の構築	・社員のスキルマップとスキルアップ計画の作成・実行	・社内基準の整備
	・受発注システム導入で在庫10％削減	・資金繰り表による資金管理	・経理の見える化の構築

11. ○○年度の月別行動計画

部門	具体的行動内容
共通部門	・5S委員会を立ち上げ、全社で5S活動を（整理＋・整頓・清掃・清潔・躾まで
	・HACCP委員会を立ち上げ認証進める。（来年6月に認証取得）
営業部門	・新規百貨店をリストアップしセールスする。（2先は開拓する）
	・社外のネット専門店舗に参加හ （ネット売上5％に増加）
製造部門	・開発リーダーを中心に高級品開する。（年間2商品を開発）
	・機械導入による省人化と産ラインの的な運用を行う。（生産コスト5％
総務部門	・階層別に必要項目を洗い出し教育系化を図る。
	・受発注システムを導入し在庫の を行い在庫保有を10％削減する。

え和菓子のニーズも増加している。
、業態間の競争が増している。

、消費が抑えられている。
で、容易に商品が購入できる。
る。
められている。
品が常に新規開発されている。
品であれば選択されていく。
固く、なかなか崩せない。

して地域の信頼を得ている。
定着している。
価値の高いカステラを開発できる。
ともに社員が高年齢化している。
、原価高となることがある。
拓ができていない。

産管理を高めていく。
る。
化を図る。

8. 目標利益計画

(単位：百万円)

項目	○○年度計画	○○年度計画	○○年度計画
売上高	600	650	700
売上原価	360	357	350
売上総利益	240	293	350
一般管理費等	210	254	301
営業利益	30	39	49

○○年度実績	成果と反省

9. ○○年度の月別目標利益計画

(単位：百万円)

項目	区分	4月	5月	6月	7月	8月	9月	10月	11月	12月	1月	2月	3月	合計
売上高	計画	40	40	60	80	40	40	40	60	80	40	40	40	600
	実績													
売上原価	計画	24	24	36	48	24	24	24	36	48	24	24	24	360
	実績													
売上総利益	計画	16	16	24	32	16	16	16	24	32	16	16	16	240
	実績													
一般管理費等	計画	14	14	21	28	14	14	14	21	28	14	14	14	210
	実績													
営業利益	計画	2	2	3	4	2	2	2	3	4	2	2	2	30
	実績													

12. ○○年度の総括（成果と反省）

責任者	区分	4月	5月	6月	7月	8月	9月	10月	11月	12月	1月	2月	3月	成果と反省
5S委員長	計画	→												
	実績													
専務	計画	→												
	実績													
営業部長	計画	→												
	実績													
営業部長	計画	→												
	実績													
製造部 開発リーダー	計画	→												
	実績													
製造部長	計画	→												
	実績													
総務部長	計画	→												
	実績													
総務部長	計画	→												
	実績													

3 悪い経営改善計画は、抽象的に作っている

▶経営改善計画の項目は抽象的な記載では理解できず行動できない

1. A4用紙1枚の悪い経営改善計画の事例

この経営改善計画の実例は、地場にあるシステム開発を営む会社です。売上高は2億円で、主な仕事は、システム開発の受託とシステム開発要員の派遣です。社員は現在20名です。

システム開発は、新規参入業者は増えており、競争が激化しています。また、システムの受託も低単価になり、採算が厳しい状況にあります。

そうしたなかで今後は、自社で製造業等に対応したオリジナルのシステム開発を進める予定をしています。また、システム要員の派遣についても、新たな派遣先の開拓も積極的にしていく予定です。

別紙で、悪い経営改善計画の問題点をみてみます。

まず、経営改善計画の意義ですが、副題が未設定のため、この経営改善計画の狙いが誰にでもすぐにわかるようになっていません。全体をみなくてもわかるような副題がほしいものです。

経営理念は、「チャレンジ」という点は良いのですが、具体的にどのようなことなのかがわかりません。このため、もう少し具体的な表現にしていく必要があります。

経営ビジョンは、「顧客の拡大」としています。この表現だと目指すビジョンとしては非常に抽象的です。ここは、将来の具体的な夢のようなものをあげてほしいところです。

外部環境は、コンパクトにまとめています。自社の置かれている環境を理解することは、その環境に適用した行動をとることができます。

内部環境は、自社の強みを2点あげていますが社員にとってわかりやすいと思います。また、自社の弱みも2点あげていますが、自社の課題としてはわかりやすいものです。

　しかし、経営改善目標になると、抽象的な目標であいまいになっています。

　目標というからには、定量的な目標も設定し、成果を測定できるものも組み込みましょう。そうしなければ、達成度がわかりません。

　経営方針は、会社として取り組むべき方針を4つの視点（人、物、金、情報）から簡潔にまとめています。

　目標利益計画は、売上が毎年倍増しています。しかし、この根拠となるものが施策にありません。単に願望の意味であげたのであれば、目標を達成することは難しいと思います。達成する根拠が明確にあれば、施策などに反映させることが重要です。

　月別目標利益計画は、毎月一律同じ金額で、季節要因などを勘案していません。前年度などを参考に月別の計数を現実的なものに修正する必要があります。

　主要施策は、単純な施策目標がみられますが定量的な目標がありません。主要施策に定量的な目標を入れていかないと施策の効果が測定できません。

　行動計画は、主要施策を受けて行動内容を作成するものなのですが、具体的に何を実施するのかという仕組みがありません。

　○○をただ○○するというのではなく、どのような仕組みで主要施策の達成を目指すかはっきりさせることが大切です。

◘ 経営改善計画に連動性と適切性がなければ経営ビジョンは達成しない

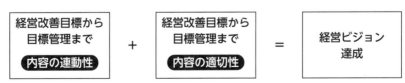

経営改善計画書

○○システム株式会社
【計画期間：令和○○年度〜令和○○年度】

（副題：未設定）

1. 意義

当社を取巻環境は、競合他社との受注競争もあり、利益が減少している。
一方、社内では、長時間労働が常態化しており、社員の離職率が高い。
こうした状況において、従来の成り行き的な管理や物事の進め方を改め、計画経営を進めたいと思い経営改善計画を作成した。
この経営改善計画においての経営ビジョンは、顧客の拡大である。
このビジョンの基に全員で頑張っていく。

2. 経営理念

チャレンジ

3. 経営ビジョン（3年後あるいは将来）

顧客の拡大

6. 経営改善目標（3年後）

全員営業

4. 外部環境

政治環境	（機会）：電子取引や電子媒介に
	（脅威）：個人情報保護が強化し
経済環境	（機会）：金融機関の貸出し低金
	（脅威）：人口が減少傾向にある
社会環境	（機会）：システム化か各分野で
	（脅威）：システムが高度化して
市場環境	（機会）：企業の合理化のために新
	（脅威）：システム会社の競争が
その他環境	（機会）：あらゆる分野でシステ
	（脅威）：労働時間の短縮など働

5. 内部環境

強　み	・創業20年の歴史があり安定し
	・当社が開発した在庫管理システ
弱　み	・社員が定着しない。
	・在庫管理システム以外に独自シ

7. 経営方針（経営資源の取組）

（人）：人材の定着化を図る。
（物）：設備の保守強化を図る。
（金）：資金繰り管理を行う。
（情報）：情報管理と活用を行う。

10. 主要施策

部門	○○年度	○○年度	○○年度
共通部門	・5S活動の導入	・5S活動の定着化	・改善提案制度の導入
	・ISO27000認証取得の準備	・ISO27000認証取得	・ISO27000の運用
営業部門	・開発案件の営業	・開発案件の営業	・開発案件の営業
	・システム派遣先の拡大	・システム派遣先の拡大	・システム派遣先の拡大
開発部門	・自社独自システム開発	・自社独自システム開発	・自社独自システム開発
	・派遣先の開発力強化	・派遣先の開発力強化	・派遣先の開発力強化
総務部門	・人材教育	・人材教育	・人材教育
	・社内事務の効率化	・社内事務の効率化	・社内事務の効率化

11. ○○年度の月別行動計画

部門	具体的行動内容
共通部門	・5Sを推進する。
	・ISO27000認証取得の準備をする。
営業部門	・開発案件の営業をする。
	・システム派遣先の拡大をしていく。
開発部門	・自社独自のシステムを構築する。
	・派遣先の開発力を強化する。
総務部門	・人材育成する。
	・社内事務を合理化していく。

ある報告を促進している。
ている。
引で推移している。
とともに高齢化が進んでいる。
進み開発ニーズは高い。
り、高い技術力が求められる。
なシステムの開発がされている。
ムが求められている。
き方改革が推進されている。

たシステム開発の派遣先がある。
ムは、業界では評価が高い。

ステムがない。

8. 目標利益計画

（単位：百万円）

項目	○○年度計画	○○年度計画	○○年度計画
売上高	240	500	1,000
売上原価	180	375	750
売上総利益	60	125	250
一般管理費等	48	100	200
営業利益	12	25	50

○○年度実績	成果と反省

9. ○○年度の月別目標利益計画

（単位：百万円）

項目	区分	4月	5月	6月	7月	8月	9月	10月	11月	12月	1月	2月	3月	合計
売上高	計画	20	20	20	20	20	20	20	20	20	20	20	20	240
	実績													
売上原価	計画	15	15	15	15	15	15	15	15	15	15	15	15	180
	実績													
売上総利益	計画	5	5	5	5	5	5	5	5	5	5	5	5	60
	実績													
一般管理費等	計画	4	4	4	4	4	4	4	4	4	4	4	4	48
	実績													
営業利益	計画	1	1	1	1	1	1	1	1	1	1	1	1	12
	実績													

12. ○○年度の総括（成果と反省）

責任者	区分	4月	5月	6月	7月	8月	9月	10月	11月	12月	1月	2月	3月	成果と反省
全員	計画												▶	
	実績													
部長	計画												▶	
	実績													
部長	計画												▶	
	実績													
部長	計画												▶	
	実績													
部長	計画												▶	
	実績													
部長	計画												▶	
	実績													
部長	計画												▶	
	実績													
部長	計画												▶	
	実績													

第5章

計数計画の
詳細管理

1 目標利益計画を詳細に管理していく方法

▶目標利益計画は、予算管理表で管理していく

1. 予算管理表

　予算管理表は、損益の計画と実績を対比して月別に詳細に管理していくものです。もし、予算管理表で予算と実績に差異が生じた場合は、その原因を分析して、差異の解消に向けて対策を講じていきます。

　経営改善計画では、月別目標利益計画の内容を詳細に管理する場合に別途作成します。

　月別目標利益計画において、計画の数値と実際の数値に差異が生じた場合は、この予算管理表を基に、科目別に原因を分析して対策を検討していきます。

2. 予算管理表の内容

　第1に、年度予算は、年度単位の目標利益計画を基準に作成します。

　支店がある場合は、支店単位で予算管理を行います。よく、本店と支店を一緒にして管理し、支店からは月次の売上のみを本社に報告して終わりにしているケースがあります。これでは、どこで利益が出ているのか、あるいは損失がでているのかわからず、また責任の所在もあいまいになります。こうしたことから、全社レベルの予算管理だけでなく、支店単位の予算管理が必要です。

　支店単位の予算管理を行う場合、本社経費の取扱いに留意します。基本的には、本社経費は、本社で予算管理をします。よく、本社経費を支店に配分している例をみかけますが、その場合は、配分基準を明

確にし、各支店で不公平のないように注意を払う必要があります。

　また、本社経費を支店に配分したとしても、あくまでもその管理は本社であることを忘れないでください。

　第2に月次の予算の作成を行います。

　基本的には、年度予算を月次単位に割り振っていきます。

　ただ、季節変動のある会社は、過去何年かの季節変動の実績を分析し、来期の変動要因を考慮して割り振りをするなどの工夫が必要です。

　予算管理表としては、当月までの累計の計画、実績、差額と月別の計画、実績、差額を作成していくのが一般的です。

　第3に、月次決算を行います。

　中小企業の場合は、顧問税理士から年に一度決算書が送られてくるのみで、月次の試算表がないところが少なくありません。これでは、年に一度の決算にならないと儲かったのか損したのかわからず、その間、何もできないことになります

　試算表は、計画経営には必須です。試算表がない場合には、この予算管理を始めるのを機会に作ってください。

　また、たとえ試算表ができていても支店単位に作成されていない場合があります。その場合は、伝票の起票段階で支店別に区別するなどの事務手続きの変更をして支店別に試算表ができるようにします。

　第4に、差異分析を行います。

　計画と実績に差額が生じた場合は、その原因分析をしなければなりません。この部分をおろそかにしていたのでは、予算管理をやる意味がありません。

　計画と実績に差額が生じた場合は、次のことを検討します。

　①　仕事のやり方に問題はなかったか

　②　決まったことを実行していたか

　③　方針に間違いはなかったか

　そして、原因が把握できたら、その対策を早急に実施することです。仕事のやり方が悪かったり、決まったことを実施していなかったり、

あるいは方針に間違いがあったりした場合は、責任者を指導し、軌道修正していきます。

　一般的に予算が未達の場合は、取引先や環境のせいにしてしまいがちです。

　こうした理由で安易に予算を修正してしまうと、当初の利益目標は当然不可能となります。ただ、天災地変の不測の事態には、予算の下方修正が必要となりますが、極力最小限にとどめるようにします。

　最後に、予算管理の利点と注意点にも触れておきます。

　こうした予算管理の利点としては、

　経営者にとっては、

①　経営改善計画の達成状況をリアルタイムで把握できます。

②　予測される環境変化に注意を払うことができます。

③　責任を明確にすることができます。

　管理者にとっては、

①　何をすれば良いのかが明確になります。

②　業績を測定する基準が明確になります。

　一般社員にとっては、

①　目標数値が明確になります。

②　費用を意識した行動がとれます。

　一方、注意点としては、

①　予算は、予測や見積りに基づいて作成した計画なので、環境の変化等で修正が必要です。（安易な修正はしないが）

②　予算は作成しただけでは効果がなく、きちんと管理してはじめて効果がでるものということを認識することです。

　予算管理が実際に効果を十分に上げていくためには、経営者から一般社員まで全社レベルでの理解と協力が得られることが大切です。どんなすばらしい予算ができても、その予算を達成しようとしても会社

全体で取組んでいく姿勢がなければいけません。予算は単なる希望や願望ではありません。こうした認識では、目標を達成できないだけでなく、企業として生き残れないことになります。

◆ 予算管理表のフォーマット例

（単位：千円）

項　目	年度予算	当月までの累積			○月			○月		
		計画	実績	差額	計画	実績	差額	計画	実績	差額
1.売上高	12,000	1,000			1,000			1,000		
2.売上原価	8,400	700			700			700		
材料費	3,000	250			250			250		
労務費	3,000	250			250			250		
外注費	1,200	100			100			100		
経費	1,200	100			100			100		
売上総利益	3,600	300			300			300		
3.販売費一般管理費	2,400	200			200			200		
人件費	1,200	100			100			100		
賃借料・リース料	840	70			70			70		
旅費・交通費	240	20			20			20		
その他経費	120	10			10			10		
営業利益	1,200	100			100			100		
4.営業外損益	600	50			50			50		
支払利息・割引料	600	50			50			50		
その他損益	0	0			0			0		
経常利益	600	50			50			50		
差異対策										

第6章

行動計画の
詳細管理

1 行動計画管理表をPDCA管理していく

▶行動計画管理表で、行動計画の進捗を詳細管理していく

1. 行動計画管理表とは

　Ａ４用紙１枚の経営改善計画では、行動計画について「いつからいつまで実施するか」を計画欄に線を引いて、「いつからいつまでかかった」を実績欄に線を引いています。そして、行動計画を実施した結果については、年度ベースで成果と反省欄に記載しています。

　この方式は、行動計画の作成や結果の検証は簡単にできます。

　しかし、行動計画について計画や実施の期間を線表で記載するだけなので、月ベースの計画内容、実施内容、結果をみることはできません。また、計画未達などをどのように改善しているかもみえません。

　このため、ある程度の規模がある企業（原則として売上高１億円以上の企業）では、Ａ４用紙１枚の経営改善計画に加え、後述する「PDCAの行動計画管理表」を作成し運用していただきたいと思います。

　この規模の企業になると事務部門などがあり、経営計画の管理もできるため、PDCAの行動計画管理表を運用することができます。

　PDCAとは、通常PDCAサイクルと呼ばれ、Plan（計画）、Do（実行）、Check（検証）、Act（改善）の頭文字を取ったものです。経営品質を構築したといわれるエドワード・デミングが提唱した考え方です。この４段階を基に行動計画を管理していくことにより、計画した内容を計画通り達成させる仕組みです。

2．PDCAの行動計画管理表の内容

⑴　Plan（計画）

実施施策に対して、その施策ができるための計画を作成します。

⑵　Do（実行）

立てた計画を実行に移します。

⑶　Check（検証）

実行した内容が計画通りできたかを検証します。

⑷　Act（改善）

検証した結果を受けて、どのように改善を行っていくべきかを検討します。

3．PDCAの行動計画管理表の目的、目標を知る

⑴　目的を認識する

PDCA を成功に導くには、何のために行動計画を PDCA で展開していくのかを担当者全員がしっかり認識することが大切です。すべては、経営ビジョンの達成のために行っているのです。PDCA のしっかりした展開が最終的には経営ビジョンの達成につながっていきます。

⑵　目標を認識する

目的を理解したら、いまやるべき目標は何なのかを認識しましょう。いまやるべき目標は、経営目標の達成です。この経営改善目標の達成

のために、主要施策を設定し、行動計画を展開しています。

　そして、この行動計画を達成するために、PDCA を展開していくことになります。

⑶　部門行動計画を個人まで浸透させる

　経営改善計画の施策は、原則、部門長がリーダーとなって活動しています。しかし、部門の行動計画は当然個人の目標にもつながります。部門長のみが忙しく施策の実行のために走り回っている姿が見受けられますが、部門長は自分1人で抱えることなく、個人目標管理表などで部下全員まで施策を落とし込み、それぞれの役割をきちんと決めて進めていきましょう。

2 PDCAに「KPI」を入れる

▶KPIを入れることで、目標が明確になります

1. KPIの設定

KPI は、「Key Performance Indictor」の略称で、重要業績評価指標のことを言います（以下「KPI」という）。これは、目標を達成するための業績評価の指標です。目標に向かって計画が順調に進んでいるかどうかを検証する重要な指標となります。PDCA の行動計画管理表において、計画の成果がこの KPI の目標数値に達していない場合には、計画した内容に問題があることを意味していますので計画を再検討する必要があります。

2. KPIの設定方法

⑴ 担当者を決める

この KPI の目標数値について誰が責任を持つかを決めます。担当となった者は、常に KPI の目標数値を意識して行動するようにします。

原則として、行動計画の担当者が KPI の目標数値の担当者になります。

⑵ 期限を決める

設定した KPI の目標数値をいつまでに達成するのか期限を決めます。例えば、住宅の契約件数 10 件を 9 月までに獲得するというようにします。KPI の目標数値の達成は、経営改善計画で設定し施策の達成

につながります。

⑶　KPI の目標数値を決める

①　目標達成までの KPI の目標数値

施策の達成度合いを測る KPI の目標数値を設定します。なお、KPI の目標数値は、原則として定量項目を設定し、部門の特性などにより計測のできる数値がない場合に定性項目を設定します。

また、目標数値は、施策達成につながる数値を設定してください。

②　月次の KPI の目標数値

目標達成までの KPI の目標数値とは別に月次単位でも KPI の目標数値を設定します。

これは、経営改善計画における行動計画の展開を月次単位で行いますので、KPI の目標数値も月次単位で設定します。これにより、きめ細かなプロセス管理ができます。

3. KPIの目標数値の見直し

次の場合には、KPI の目標数値の見直しを行います。

⑴　KPI の目標数値を達成しても施策が達成できない

KPI の目標数値を達成したのにもかかわらず、経営改善計画の施策が達成できない場合があります。この場合はなぜ施策を達成できないのかの原因を探り、KPI の目標数値の見直しを検討します。

⑵　1 つの KPI の目標数値では対応できない

原則として、1 つの KPI の目標数値を設定して管理しますが、それだけでは、施策の目標を達成できない場合に複数の KPI の目標数値を設定します。

ただし、あまり設定数が多いと施策の関係が不明確になったり管理

が複雑になったりしますので注意しましょう。

4. KPIの目標数値の注意点

(1)　計測できること

　KPIの目標数値は、原則として、計測できるものを設定する必要があります。そうしないと、進捗状況がわからなくなります。

(2)　理解し納得していること

　KPIの目標数値は、担当者がその意味を理解していることが大切です。また、理解した後、その指標と目標数値がふさわしいということを納得していることが大切です。担当者が納得していなければ、進めていくことできません。

(3)　わかりやすいKPIの目標数値

　誰もがわかるKPIの目標数値を設定すると行動がとりやすくなります。わかりにくいものは、結局達成しにくいものとなります。

3 PDCAに「KFS」を入れる

▶KFSを入れることで、
効果的な行動計画になる

1. 「KFS」とは

KFS は、「Key Factor Success」の略称で、重要成功要因のことを言います（以下「KFS」という）。これは、目標を達成するために相応しい計画であるかをいいます。

目標を達成するに相応しい計画でなければ、いくら目標や指標を設定しても、達成することはできません。

PDCA 方式の行動計画管理表では、行動計画の計画内容が KPI の目標数値を達成するために適したものであるかを検討する必要があります。もし、KPI の目標数値に相応しいものでない場合には、行動計画の計画内容を再検討する必要があります。

2. KFSの設定

(1) KPI の目標数値に対応したものにする

設定した KPI の目標数値を達成するに相応しい計画内容なのかを見極める必要があります。

KPI の目標数値に対応していなければ、見直す必要があります。

(2) 行動計画の計画内容は具体的なものにする

行動計画の計画内容を設定したとしても抽象的なものや単なる努力するなどの内容では、実際の行動につながりません。

　例えば、ある目標件数があるとすれば、資料の活用方法、対象地域、対象者、アプローチ方法などを考えることが大切です。

⑶　行動計画の結果は、常に検証し見直すようにする

　KPI の目標数値で成約件数を掲げているにもかかわらず、ただ単に訪問すれば良いということでは成約にはつながりません。このため、訪問結果に対して、検証し問題点を見直す作業を入れる必要があります。

3.　KFSの見直し

　次の場合には、KFS として計画内容の見直しを行います。

⑴　KPI の目標数値に届かない

　KFS の通り実行したにもかかわらず KPI の目標数値を達成しない場合は、行動計画に問題があると考えます。このため、行動計画の内容の見直しを行います。

⑵　KFS が実行できない

　無理な KFS を立ててしまうと実行できません。実行できないものであれば、実行可能なものに変更しましょう。

4 PDCAの行動計画管理表の進め方

▶行動計画管理表は、それぞれの段階ごとに管理する

1. PDCAの行動計画管理表の進め方

(1)　P（計画）の段階の進め方

①　経営改善計画に基づいた施策を達成するための計画内容なので、施策の内容に即したKFSを作成します。

②　KPIの目標数値を設定していますので、KPIの目標数値に連動したものにします。

(2)　D（実行）の段階の進め方

①　当初、計画したことをどれだけ実行したかが重要な点になります。いろいろな事情で、途中までしか実行できなかったり、全く実行できなかったりする場合があります。ここは、全員で計画通り実行することが第一になります。

②　本当に計画したことを実行したか、計画とは異なるものを実行しなかったか確認する必要があります。計画内容と合わないものを実行しても予定した効果はでません。

(3)　C（検証）の段階の進め方

①　計画を実行したことにより、KPIの目標数値を達成したか検証します。

②　計画した内容と実行した内容に差異があったかどうかを検証します。

⑷　A（改善）の段階の進め方

①　計画した内容と実行した内容に差異があったり、計画通り実行したにもかかわらずKPIの目標数値に届かなかったりする場合があります。その場合の差異を検討します。

②　差異を検討した結果、その原因が判明した場合は改善策を検討して、次月の計画で取り入れます。

2．PDCA方式の行動計画管理表で発生する問題点と対応

⑴　P（計画）における問題点と対応

①　計画に KFS を書いていない

施策を達成するための KFS の計画がきちんと書けないということがあります。KFS の計画が書けなければ、施策は進みません。どのような KFS の計画が施策達成につながるか担当部門は十分に検討する必要があります。

②　KPI の目標数値に連動しない

KPI の目標数値からかけ離れた計画を立てている会社があります。計画内容が KPI の目標数値に連動していなければ、当然結果は出ません。

③　低いレベルの計画

KPI の目標数値の内容に連動しているものの、その計画を実行しても KPI の目標数値を達成できない低いレベルの計画を作成していては、KPI の目標数値は達成できません。

④　高いレベルの計画

KPI の目標数値の内容に連動しているものの、たとえその計画を実行しても、到底実現できない計画を作成している場合があります。これでは絵に描いた餅になります。自社のレベルにあった計画を作成していきましょう。

(2)　D（実行）における問題点と対応

① 　実行内容を書いていない

　　ただ、実行したとしか書いていないことがあります。これではどのように実行したかがわからず、結果に問題があっても検証できません。具体的に、実行した内容を書いていくことが大切です。

② 　計画を実行しない。

　　日々の業務が中心になってしまい、計画したことを実行しない場合があります。日々の業務はもちろん大事なことですが、計画したことを実行しなければ、経営改善計画は進みません。計画したことは必ず実行するという強い意志が必要となります。

③ 　計画外の実行

　　実施施策には関係あっても、当初の計画したこととは違うことを担当者の判断で実施してしまうことがあります。これでは、KPIの目標数値を達成することはできません。計画したことはその通り実行していきましょう。

(3)　C（検証）における問題点と対応

① 　検証内容を書いていない

　　計画を実行しなかった場合にこうしたことになります。これでは、会社の姿勢が問われます。まず、計画は、必ず実行しましょう。

② 　予定外の結果はないか

　　計画したことを実行したものの、全く予定外の結果になる場合があります。計画に問題があるのか実行方法に問題があるのか検証しましょう。

③ 　外部環境に変化はないか

　　計画通り実施しても、結果がでない場合に、外部環境の変化が影響していることがあります。外部環境が変化していないかは、

常に気を付けている必要があります。

⑷　A（改善）における問題点と対応

①　改善策を書いていない

　計画と実行の差が出ていたり、ＫＰＩの目標数値を下回っていたりしても改善策を書いていないことがあります。差異がでるということは問題があるということです。問題を検討していきましょう。

②　改善策が浮かばない

　改善策は、簡単にはでません。部門のなかでの会議などを通じてしっかり考えてみましょう。

◆ PDCAの作業工程

段　階		作　る
P	計画	KPIの目標数値を達成するためのKFSを作る作業
D	実行	計画を実行する作業
C	検証	計画の結果を検証する作業
A	改善	計画を見直して改善する作業

5 PDCAの進捗管理

▶PDCAの進捗管理で、進捗上の問題点をクリアする

1. PDCAの進捗チェックでは、次のようなことを確認します

(1) 計画に KFS があるか

　施策を実現するための具体的な KFS が計画に書かれていない場合がよくみられます。また、施策に関係ないことを KFS として書いていたりもしています。計画は PDCA の最も重要なものです。施策を実現するために、本当に的を射た KFS の計画でなければ、その後の実行や検証や改善は何の意味ももちません。計画のポイントは、施策実現のためのシナリオ作りです。

　しっかりしたシナリオでなければ良い成果にはなりません。このことを十分理解して活動計画を立てていきましょう。

(2) 計画と KPI の目標数値は連動しているか

　KPI は、計画の達成度合いを測る指標です。このため、計画とリンクしたものでなければ意味がありません。計画を作成したのち、計画の達成度合いを計測するには、KPI として何がふさわしいのかを十分検討する必要があります。また、この KPI が決定した後、KPI の目標数値もどのレベルに設定するかを決める必要があります。KPI の目標数値により、達成度の評価が決まりますので、計画の内容を満たす KPI の目標数値を設定しましょう。

(3)　KFS に問題はないか

　KPI の目標数値を達成できるような KFS を持った計画になっているか。ただ単に、形式的な内容になっていたり、目標数値に到達できないものであれば見直す必要があります。

(4)　計画通り実行したか

　計画したことをそのまま実行していくことが大切です。自己の判断で実行しなかったり、このぐらいの実行でいいのではないかと中途半端でやめたりする場合があります。そうした場合は、成果がついてきません。実行のポイントは、計画したことを忠実に実行していくことです。

　ただし、社内の事情で実行を変更する場合にはきちんと変更理由を記載するようにしてください。

(5)　成果が出ているか

　計画したことを完全に実行したからといって必ずしも成果がでるとは限りません。例えば、営業部門で KPI が新規開拓件数で KPI の目標数値は月 5 件と設定し、毎月新規見込先リストにより月 100 件訪問し営業提案すると計画します。実際に計画通り実行したからといって新規開拓件数は 2 件ということもあります。計画通り実行したからといって成果がでるとは限りません。その場合には改善策が必要になります。

(6)　差異はあるか

　計画したことと実行したことに差異がなかったかを検証します。もし、差異があった場合は、どのようなことに差異が生じているのかを調査します。

　進捗チェックでは、あまり差異を気にしないで、次回差異の残りを

実行するということで終わってしまう場合がみられます。これでは、何をチェックしているのかわかりません。しっかり差異の内容を検証していきます。

(7)　改善策は出ているか

計画したことと実行したことに差異があった場合に、その改善策がしっかり出していなければなりません。

この場合、実行できなかった理由として、よく日常業務が忙しくてできなかったとか、計画のレベルが高くてできなかったなどがあげてきます。

しかし、実際はできるにもかかわらずにしたというケースが多く見受けられます。

きちんと計画したのであれば、実行できない理由は外部要因などのやむを得ない事情を除けばありません。「計画したことは何が何でも実行する」という信念が必要です。次月で良いというような安易な気持ちをもたないようにしましょう。

一方、計画した通り実行したものの成果がでないという場合があります。

この場合は、計画した内容に問題があります。当初計画した内容の何が問題であったのかを検討してください。問題の解決方法かわかったら計画内容を見直して、求める成果がでる計画を作り直ししてください。

(8)　PDCA は回っているか

行動計画の進捗チェックでは、施策実現のための行動計画がPDCAできちんと回っているかをみます。PDCA が途中で止まっていたり、計画した通りの成果が出なかったりした場合にその原因を検討し、解消しましょう。

PDCA がきちんと回るとそれぞれの施策は実現し、経営目標が達成

するようになります。そして、最終的には、経営ビジョンの実現につながっていきます。

2.　PDCAのチェックリスト

Plan（計画）

☐ 主要施策に対応した計画か
☐ 計画はKFSとして適切であるか
☐ KPIとKFSは連動しているか
☐ 計画の難易度は適切か
☐ 計画を実行する体制はできているか

Act（改善）

☐ 計画と実行の差異の改善策を作成したか
☐ KPIの目標数値と目標結果の差異の改善策を作成したか

Do（実行）

☐ 実行したものは何か
☐ 計画外の実行はなかったか

Check（検証）

☐ 計画と実行の差異はどの程度か
☐ KPIの目標数値との差異はどの程度か
☐ KFSに問題はないか
☐ 外部環境に問題はなかったか

6 PDCAによる行動計画 管理表の具体例

▶事例で、PDCAの 進捗管理の書き方を学ぶ

1. 具体例

(1)　会社概要

　PDCA の行動計画管理表を実際に活用している会社の例から、良い活用の仕方、問題がある活用の仕方をみていきます。

　事例の会社は、現在、県内で一般住宅の建築とリフォームを主に行っています。経営ビジョンは、創業 100 年の老舗の高い技術と信頼の地域のナンバーワン企業です。

　経営改善目標は、3 年後の売上高 5 億円、工事利益率 25% です。これを踏まえ、営業部の施策では新規民間住宅の受注拡大、工事部の施策では住宅工事の利益率向上を打ち出しています。

　この施策に基づいて、展開した行動計画の事例を検証したいと思います。

(2)　良い事例の行動計画管理表　＜営業部＞

＜営業部の行動計画のポイント＞

　①　責任者

　　責任者が明確になっています。これは大切なことです。責任者がはっきりしないと、この計画は進みません。

　②　期限

　　施策の完了期限が明確になっています。この期限内に成果をあげなければならないという意識になります。

◘ 良い事例の行動計画管理表（営業部）

責任者	○○	期限	○年○月○日	指標・目標	成約件数年間12件

項目	日程	4月	5月
	指標・目標	成約件数月1件	成約件数月1件
新規民間住宅の受注拡大	計画	① 過去の受注した顧客カルテより、新規アプローチ先をリストアップする。 ② 新規先を1日5件訪問する。 ③ 継続交渉先を1日3件訪問する。 ④ 営業推進管理表を作成して、営業の訪問結果を記載し、成約に向けて営業管理する。	① 新規先を1日5件訪問する。 ② 継続交渉先を1日3件訪問する。 ③ 営業の訪問結果を営業推進管理表に記載し、成約に向けての戦略を作成する。 ④ 現場見学会で見込み客の獲得を行う。
	実行	① 新規アプローチ先をリストアップした。 ② 新規先を1日5件訪問した。 ③ 継続交渉先を1日3件訪問した。 ④ 営業推進管理表に訪問結果を記載した。	
	目標結果	1件成約し目標数値をクリアした。	
	検証	① 予定どおり新規アプローチ先のリストアップを完了した。 ② 新規先、継続先を予定どおり訪問した。なお、継続交渉先のうち1件成約した。 ③ 継続交渉先は、成約シナリオどおり進んでいる。	
	改善	① 営業推進管理表を基に、新規先は既存リストアップ表で活動する。 ② 営業推進管理表を基に、継続交渉先で受注予定先のクロージングをする。 ③ 現場見学会で新規先の開拓を行う。	

（注）指標：KPIの略称表示、目標：目標数値の略称表示

③　KPI の目標数値

　KPI の目標数値は、年間の成約件数 12 件となっており、わかりやすい計数です。この計数で結果管理ができます。

④　月別 KPI の目標数値

　毎月の KPI の目標数値は、月の成約件数 1 件と明確になっています。これにより、目標数値をクリアできたか検証することができます。

⑤　P（計画）の段階

　計画段階ですが、KFS としての契約件数を上げるための計画作りができています。具体的に、顧客アプローチ方法や営業管理方法などが戦略としてでています。

　PDCA のなかで一番重要な点は P の計画をいかに立案するかで勝負は決まってしまいます。しっかりとした仕組みができなくても目標があるからといって精神論で「頑張る」、「努力する」では何も変わりません。

⑥　D（実行）の段階

　計画段階で計画された内容がどのように実行されたのかが記載されています。

⑦　C（検証）の段階

　KPI の目標数値に対応した結果が出ています。また、計画したこともきちんと実行されています。

⑧　A（改善）の段階

　今回は、結果も予定通りでしたので、大きな改善はありませんでした。しかし、目標通りの結果がでても、目標が甘くなかったか、外部環境の影響なのかは検証しておきましょう。

⑶　悪い事例の行動計画管理表　＜工事部＞

＜工事部の行動計画のポイント＞

①　責任者

■ 悪い事例の行動計画管理表（工事部）

責任者	なし	期限	なし	指標・目標	1 工事利益率の向上

項目	日程	4月	5月
	指標・目標	1 工事利益率の向上	1 工事利益率の向上
住宅工事の利益率拡大	計画	受注した工事について、工事利益率を向上させる。	受注した工事について、工事利益率を向上させる。
	実行	受注した工事について、工事利益率を向上させるように努力した。	
	目標結果	工事利益率は向上しなかった。	
	検証	受注した工事について、工事利益率を向上させることができなかった。	
	改善	工事利益率が向上するように努力する。	

(注) 指標：KPIの略称表示、目標：目標数値の略称表示

　この施策の責任者が決まっていません。施策ごとに責任者を決定しなければ進めることはできません。

② 期限

　期限が設定されていません。期限は、必ず設定し、いつまでに達成するのかを明確にしましょう。

③ KPIの目標数値

　KPIの目標数値は、1工事利益率向上としています。これでは、具体的な目標数値が設定されていません。このままでは、どこまで工事利益率を向上させれば良いのかわかりません。

　KPIの目標数値の基本は、数値です。ここが数値になることにより、施策の進捗状況のプロセス管理ができます。

④ 月別KPIの目標数値

　これも、KPIの目標数値は1工事利益率向上としています。

　これでは、月単位で工事利益率をどこまで向上させたいのかわ

かりません。工事利益率の目標数値を設定しましょう。

⑤（計画）の段階

　計画段階ですが、工事利益率を向上させるということしか書いてありません。計画とは、施策を達成するために、KFS として具体的に何をするのかが重要です。内容のない計画は計画とはいえません。計画段階で施策達成のために、綿密に活動方法を考えなければ、結果はでません。計画段階は、PDCA サイクルの一番の要です。ここを十分理解していただきたいと思います。

⑥　D（実行）の段階

　計画段階での工事利益率を向上するように努力したという記載しかありません。計画段階で具体的な工事利益率の向上策がないため、実行段階では工事に対する姿勢しか書かれていません。計画段階できちんとした活動計画がなければ実行段階では活動内容を書くことができません。計画段階がいかに大切かがわかります。

⑦　C（検証）の段階

　月次 KPI の目標数値の結果については、計数化されていないため、向上したかしなかったのかの記載となっています。

　また、計画が工事利益率を向上させるという記載に対して、実行は工事利益率を向上させるように努力したとの記載では、KFS の内容がわかりません。

⑧　A（改善）の段階

　改善策としては、努力するという精神論で終わっていて、KFS に応じた改善策になりません。計画内容や月別 KPI の目標数値があいまいなものなので、PDCA が機能しなくなっています。改善策を出したくても何が問題なのかつかめません。

第7章

中堅企業の
経営改善計画

1 中堅企業の経営改善計画を作る

▶ Ａ４用紙１枚からさらに詳細版の経営改善計画を作る

1. 中堅企業の経営改善計画

　中小企業の場合は、経営者を中心として少人数で会社を運営しているケースがほとんどです。このため、容易に短時間で作成できるＡ４用紙１枚による経営改善計画を作りました。

　しかし、中堅企業になると事業規模に応じて科目の役割も大きくなります。また、事業内容も多岐にわたるため、実施する施策や行動計画の数も増えていきます。

　このため、Ａ４用紙１枚で作成した経営改善計画と基本構成は同じですが、計数を詳細に管理できるようにするとともに施策や行動計画の数に対応できる経営改善計画を紹介します。

　また、年度で実施していく施策は単に項目を記載するだけでなく、その具体的な内容も記載し、社員に経営改善計画をみれば施策の内容が詳細に理解できるようにしました。

2. 経営改善計画の具体的な内容

　意義、経営理念、経営ビジョン、外部環境、内部環境、経営改善目標、経営方針については、記載できる量的な部分は拡大しましたが、記載内容は、Ａ４用紙１枚の経営改善計画に準じています。

　目標利益計画は、利益計画の科目について、主要科目だけでなく主要科目の内訳科目まで計画し詳細に管理することにしました。また、各期について目標利益計画の計数の設定理由を記載するようにしまし

た。目標利益計画は科目が細分化すればするほど、きめ細かい科目管理が可能になります。次に、月別目標利益計画は、予算管理表として、損益計算書の科目を詳細に管理します。この予算管理表は、第5章の計数計画の詳細管理を参照してください。

主要施策は変わりませんが、新たに単年度の主要施策の項目について具体的施策を記載するようにしています。これにより、単に項目の記載だけでなく、当該項目の施策の詳細な内容を計画書により理解することができます。

「行動計画」は、行動計画管理表で管理します。第6章の行動計画の詳細管理を参照してください。

◆ 中堅企業の経営改善計画のフォーマット<11枚の経営計画書の例>

[経営改善計画書]

何のために作成するのか
1．意義

○
○
○
○
○

経営していく上での姿勢、考え方
2．経営理念

○
○
○

どのような会社にしていきたいか（将来像、夢）
3．経営ビジョン

○
○
○

4．経営環境
　(1)　外部環境
経済環境、技術環境、市場環境、競争環境などはどうなっているか

| 機会
（チャンス） | |
| 脅威 | |

⑵　**内部環境**

会社の特色－全般、各部門

強み （長所）	
弱み （課題）	

5．経営改善目標

経営ビジョンの実現のための経営改善目標を作成する。
経営改善目標は、できるかぎり数値目標を設定する

6．経営方針

経営改善目標を達成するために経営資源
（人、物、金、情報）をどのようにするか

7．目標利益計画　┌─────────────────┐　（単位:千円、%）
　　　　　　　　　　　│ ３カ年の目標数字を作成する │
　　　　　　　　　　　└─────────────────┘

科　目	第　期		第　期		第　期	
	金額	構成比	金額	構成比	金額	構成比
1．売上高						
2．売上原価						
材料費						
労務費						
外注費						
経費						
売上総利益						
3．販売費一般管理費						
人件費						
賃借料・リース料						
旅費・交通費						
その他経費						
営業利益						
4．営業外損益						
支払利息・割引料						
その他損益						
経常利益						
目標利益数字の主な設定理由						

8．予算管理表　　　┌─────────────┐　　　（単位：千円）
　　　　　　　　　　　　│ 12カ月分作成する │
　　　　　　　　　　　　└─────────────┘

項　　目	年度予算	当月までの累積			○月		
		計画	実績	差額	計画	実績	差額
1．売上高							
2．売上原価							
材料費							
労務費							
外注費							
経費							
売上総利益							
3．販売費一般管理費							
人件費							
賃借料・リース料							
旅費・交通費							
その他経費							
営業利益							
4．営業外損益							
支払利息・割引料							
その他損益							
経常利益							
差異対策							

9．主要施策　　3カ年で実施していく内容を作成する

部門	第　　期	第　　期	第　　期
○○部			
○○部			
○○部			
○○部			

10．具体的施策　　年度で実施していく内容を作成する
○○部

項目	具体的な内容
1.	
2.	
3.	
4.	

11. 行動計画管理表　毎月、計画に対して、実行、検証、改善を作成する

○○部

責任者	○○	期　限	○年○月○日	指標・目標			

項目	日　程	○月	○月	○月	○月	○月	○月
	指標・目標						
	計　画						
	実　行						
	目標結果						
	検証						
	改善						

（注）指標：重要業績評価指標の略称表示・目標：目標数値の略称表示

2 中堅企業の経営改善計画の具体的な作成例

▶経営改善計画に取組んだ製造業

1.　中堅企業の経営改善計画

　この企業は、創業 50 年の化学会社です。内容は、工業用の洗浄剤を精製し、大手洗剤メーカーに納品しています。自社製品は、1 割程度であり、あとは納品先企業名の OEM 製品となっています。当社は、今後製品開発に力を入れ、自社製品の比率を増やし、下請けのメーカーから独立系の専門メーカーに脱皮したいと考えています。また、売上は、ここ 10 年間 23 億円前後で推移しており、停滞気味ですが、経常利益では、安定した利益を出しています。

　しかし、商品の需要低迷とコスト競争が次第に激しくなってきて、今後の利益は従来のようには見込めない状況にあります。こうした状況において、当社は、特に売上計画しかなく、成り行き的な経営を行っていましたので、今回経営改善計画を作成することにしました。

［経営改善計画書］

1．意義

　当社は、幸いなことに過去の成長としては、売上は横ばいですが、利益は、常に一定額を確保してきました。

　しかしながら、当社を取り巻く環境は、特定ソーダの需要低迷とコスト競争で厳しい環境にあります。一方、内部環境では、社員の高齢化も進み、技能伝承の問題も発生しています。

また、設備も老朽化が進んでいます。

　こうした状況下では、従来のような成り行き的な経営では、利益の確保も難しいと思われます。

　このため、経営改善計画を作成し、経営ビジョンを設定し当該ビジョン達成を目指すことにしました。今回の経営ビジョンは、特定分野の洗浄剤で県内一番を目指しています。また、経営改善目標は、売上高 30 億円、売上高経常利益率 5％としました。特に売上高については、新商品開発を基本にして増加させたいと思います。

　副題はプロジェクト 30 です。

2．経営理念

・化学製品を通じて社会に貢献する

3．経営ビジョン

県で一番の企業になる
・商品が一番
・特殊技術が一番

4．経営環境

(1)　外部環境

機会 （チャンス）	・円高傾向のため、輸入品の単価が低下している ・輸送業の洗浄剤ニーズの需要が高まっている ・洗浄機械が普及し、特定分野に新たな洗浄需要が高まっている ・洗剤ソーダ企業が淘汰され、競争相手が減少してきている ・労働市場は買い手市場にあり、良い人材を獲得しやすい ・金融機関は、財務内容が良い企業への貸し出しレートを低くしている
脅威	・原油高騰により、輸入原料の単価に影響を及ぼしている ・市場において特定のソーダの需要が減少傾向にある ・安価な製品が出回っているため、従来の製品が値下がりしている ・商品の需要が変化してきており、その対応が必要となっている ・景気後退により不動産の担保価値が目減りし、担保力が減少している ・金融引き締めで金融機関の貸し出し基準が厳しくなっている

⑵　**内部環境**

強み (長所)	・売上高経常利益率は、毎年５％を毎年キープしている ・借入金が売上高の 10％しかなく自己資本力が充実している ・得意先が固定しているため、安定した収益を上げている ・簡単なプラント工事は自社で行うことができる ・少量多品種生産が可能である ・社員の勤続年数が長く安定雇用をしている ・熟練技術者が多く、固有の技術力を保持している
弱み (課題)	・売上が停滞ぎみであり伸び悩んでいる ・設備が老朽化している ・損益が成り行き管理となっており、予算化されていない ・コンピュータの普及が遅れており、手作業が多い ・化学工場なのに、危機管理対策が遅れている ・従業員の高齢化がすすんでおり平均年齢が４０台後半である ・仕事が専門すぎて、他部署の仕事の応援ができない。 ・社員の教育が一切行われていないため、能力が伸びない

5．経営改善目標

・売上高 30 億円、売上高経常利益率５％を目指す

6．経営方針

（人）	・高齢化が進んでいるため、若手への技能伝承を進めていく ・仕事が硬直化しているため、多能工化を進めていく
（物）	・設備が老朽化しているため化学製品保管設備の更新を行う ・新たな製品を製造するために、土地の新規取得を行う
（金）	・設備資金として、金融機関から今後手当てしていく ・季節資金は、賞与等で活用していく
（情報）	・社内のコンピュータネットワークの構築を進める ・製造の在庫管理システムの構築を進める

7．目標利益計画

（単位:千円、％）

科　目	第50期 金額	第50期 構成比	第51期 金額	第51期 構成比	第52期 金額	第52期 構成比
1．売上高	2,500,000	100.0	2,700,000	100.0	3,000,000	100.0
2．売上原価	1,750,000	70.0	1,890,000	70.0	2,100,000	70.0
材料費	500,000	20.0	540,000	20.0	600,000	20.0
労務費	375,000	15.0	405,000	15.0	450,000	15.0
外注費	250,000	10.0	270,000	10.0	300,000	10.0
経費	625,000	25.0	675,000	25.0	750,000	25.0
売上総利益	750,000	30.0	810,000	30.0	900,000	30.0
3．販売費一般管理費	600,000	24.0	648,000	24.0	720,000	24.0
人件費	375,000	15.0	405,000	15.0	450,000	15.0
賃借料・リース料	75,000	3.0	81,000	3.0	90,000	3.0
旅費・交通費	50,000	2.0	54,000	2.0	60,000	2.0
その他経費	100,000	4.0	108,000	4.0	120,000	4.0
営業利益	150,000	6.0	162,000	6.0	180,000	6.0
4．営業外損益	25,000	1.0	27,000	1.0	30,000	1.0
支払利息・割引料	25,000	1.0	27,000	1.0	30,000	1.0
その他損益	0	0.0	0	0.0	0	0.0
経常利益	125,000	5.0	135,000	5.0	150,000	5.0
目標利益数字の主な設定理由	・売上高は、販売先増加で2億円増加 ・売上原価は、70％設定 ・販売費一般管理費は前年度と同比率		・売上高は、販売先増加で2億円増加 ・売上原価は、70％設定 ・販売費一般管理費は前年度と同比率		・売上高は、販売先増加で3億円増加 ・売上原価は、70％設定 ・販売費一般管理費は前年度と同比率	

8．予算管理表

(単位:千円、%)

項　目	年度予算	当月までの累積			4月		
		計画	実績	差額	計画	実績	差額
1．売上高	2,500,000	300,000			300,000		
2．売上原価	1,750,000	210,000			210,000		
材料費	500,000	60,000			60,000		
労務費	375,000	45,000			45,000		
外注費	250,000	30,000			30,000		
経費	625,000	75,000			75,000		
売上総利益	750,000	90,000			90,000		
3．販売費一般管理費	600,000	72,000			72,000		
人件費	375,000	45,000			45,000		
賃貸・リース料	75,000	9,000			9,000		
旅費・交通費	50,000	6,000			6,000		
その他経費	100,000	12,000			12,000		
営業利益	150,000	18,000			18,000		
4．営業外損益	25,000	3,000			3,000		
支払利息・割引料	25,000	3,000			3,000		
その他損益	0	0			0		
経常利益	125,000	15,000			15,000		
差異対策							

9．主要施策

部門	第50期	第51期	第52期
共通部	• ISO9001認証取得準備 • CIの検討	• ISO9001認証取得 • CIの完成	• ISO14001認証取得準備
営業部	• 営業マニュアルの整備 • 新商品の拡販	• 顧客カルテの整備 • 新商品の拡販 • 既存商品の拡販	• 新商品の拡販 • 既存商品の拡販
生産部	• 5S活動の実施 • 自社製品の開発 • 自動包装機の新設 • 適正在庫システムの確立	• 5S活動レベルアップ • 新ソーダ設備自動化 • 特定ソーダの一部外注化 • 自社製品の開発	• 工場の増産検討 • 変則交代制の検討 • 大学との研究開発の連携
管理部	• 社員研修の構築 • 新人事制度の検討 • 月次決算制度の確立 • 社内コンピュータ整備	• 一般、幹部社員研修の実施 • マルチスキル化の検討 • 新人事制度の導入 • ホームページの開設	• マルチスキル化の実施 • 給与計算の外注化

10．具体的施策

管理部

項目	具体的な内容
1．社員研修の構築	• 社員の教育体系プログラムを検討し作成する • 社員の教育機関と教育内容を検討する • 社員研修制度を制定する
2．新人事制度の検討	• 現行の賃金制度を見直しする • 新賃金体系の設計をする • 新賃金体系の移行を検討する • 新人事考課制度を検討し作成する • 新人事制度に合わせて就業規則を改定する
3．月次決算制度の確立	• 会計事務所と月次決算の検討をする • 現行の会計制度を見直しする • 月次単位で決算できる仕組みの検討をする • 社内伝票の締切日の統一を検討する
4．社内コンピュータ整備	• 現行のコンピュータの問題点を洗い出す • コンピュータの改善点をまとめる • 新規導入機種の検討をする • 新規導入の決定と実施をする

11. 行動計画管理表

管理部

責任者	○○		期　限	○年○月○日	指標・目標	社員研修スタート・100%稼働	
項目	日　　程	4月	5月	6月	7月	8月	9月
	指標・目標	教育体系フロー完成50%	教育体系フロー完成100%	研修内容完成50%	研修内容完成100%	研修体系完成50%	研修体系完成100%
社員研修の構築	計　画	・教育体系のフロー作成	➡	・社員研修の内容検討	➡	・OFFJTの教育機関の選定	・社員研修体系完成
	実　行						
	目標／結果						
	検証						
	改善						

（注）指標：重要業績評価指標の略称表示、目標：目標数値の略称表示

第8章

経営改善計画に
経営基盤の仕組み

1 経営改善計画に経営の基盤となる仕組みを入れていく

▶経営基盤を盤石にしていくために、土台となる仕組みが必要である

　企業には、毎年業績を伸ばしている先もあれば、思うように業績を伸ばせず、停滞を続けたり、場合によっては経営危機に陥ったりする先もあります。

　この差はどこからくるのでしょうか。

　多くの企業をみてきた経験から言えることは、伸びる企業には、共通して行っている仕組みがあるということです。

　そこで、ここでは、伸びる企業に共通する取り組みを紹介することで、伸びる企業になるための方法を提供したいと思います。

　また、ここで、伸びる企業が実施している仕組は経営改善を行う際にも取り入れていただきたいと思います。

　伸びる企業の主な仕組みの全体像は次の通りです。

部門	仕組み	内　　容
共通部門	5S	整理、整頓、清掃、清潔、躾の実行
	改善提案制度	改善提案制度の実施
営業部門	営業日報	日々の営業活動の記録
	顧客台帳	取引先の情報と評価を記録
製造・建設部門	作業手順書	作業の標準手順を作成
	外注管理	外注先の選定、評価、品質管理などの管理
総務部門	人事考課	社員の人事考課制度の構築
	社員教育	社員の育成のために教育を行う
経理部門	実行予算管理	工事ごとの予算管理
	資金繰り管理	資金の収支管理

2 全社共通 ― 5Sの仕組みを入れる

▶5Sでいう整理、整頓、清掃、清潔、躾は、
仕事の基本となる

1. 5Sとは

　5Sは、整理（ＳＥＩＲＩ）、整頓（ＳＥＩＴＯＮ）清掃（ＳＥＩＳＯＵ）、清潔（ＳＥＩＫＥＴＳＵ）、躾（ＳＨＩＴＳＵＫＥ）という5つの言葉のローマ字からきています。この5Sの定義は、次のようになります。整理は、要るものと要らないものを分けて、要らないものを捨てることです。整頓は、ものの置き場を決め、使ったものを必ず所定の場所に戻すことです。清掃は、汚れた場所を掃除し、きれいにすることです。清潔は、整理、整頓、清掃により、きれいな状態を維持することです。躾は、職場のルールを守ることです。

2. 5Sのメリット

⑴　1次メリット

　5Sの1次効果としては、次のようなことがあります。
① 在庫の削減…不要な在庫や資材の処分により、スペースを確保します。
② 段取り時間の削減…標準時間設定により、段取り時間を削減し作業を効率化します。
③ 機械の汚れ防止…清掃により、機械の汚れによる不良品発生を防止します。
④ 機械の故障防止…機械の点検整備により、故障を防止します。

⑤　コストの削減…チョコ停防止、不良品の減少などで、製造原価を削減します。

⑥　納期の厳守…時間管理が徹底され、納期を守るようになります。

⑦　コミュニケーション不足の解消…ルールの徹底で連絡ミスがなくなります。

⑧　安全の確保…不要品などの放置や機械故障が減り、労働災害を防止します。

⑵　5Sの2次メリット

① 責任感の向上

　5Sを進めていくと社員はそれぞれ役割を担い実施していくことにより、責任感が出てきます。そして、自分の担当エリアの整理、整頓、清掃を通じて働きやすい職場にしようと心がけます。さらには、きれいになった職場にプライドを持つようになります。

② 組織推進力向上

　5Sは、全員の活動です。1人でも5Sに参加しなければ、そこだけ活動が止まります。このため、全員が協力せざるを得なくなります。こうして、全員参加型が進み組織で推進する力がつきます。

③ 改善につながる

　5Sは改善の原点です。5Sを進めていくと職場のムダ、ムラ、ムリが減少していきます。5Sにより、どんどん職場の改善も進めていきましょう。

⑶　5Sの3次メリット

財務の内容の改善がみられます。

整理では、適正在庫が進み在庫効率が向上します。整頓では、工具などを探す手間をなくし生産性が向上し製造コストが削減します。清掃でも、機械の故障が減り生産速度が上がり製造コストが削減します。

清潔では、作業の標準化が進み時間管理が徹底し、人件費が削減されます。躾では、ルールの徹底で連絡ミスがなくなり、再作業がなくなり、材料費や人件費が削減されます。

3. 組織作り

　5Sを活動していくための組織として、まず5S委員会を設置します。

(1) 委員会の設置

　5S委員会は、次の図のように設置します。

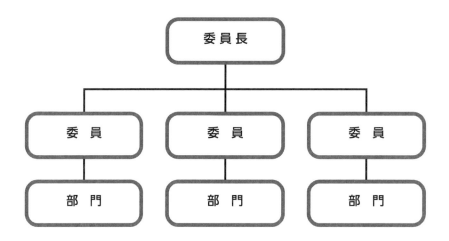

1 委員長の選出

　委員長は原則社長がなります。トップ主導型が速やかに進みます。しかし、企業の規模などにより、社長が担当できない場合もあります。その場合は、社長に次ぐ者を任命してください。

2 委員の選出

　委員は各部門より選出します。特に、部門長にこだわる必要はあり

ませんが、5Sを推進していく力のある社員を選出してください。

4. 5Sの進め方

＜整理の進め方＞

(1)　整理とは

① 整理の基本的考え方

　整理とは、「要るものと要らないものを分けて、要らないものを捨てること」です。

② 整理の目的

　整理の目的は、ムダの排除です。そのために、「不要品」の排除活動をしていきます。整理ができていないといたるところで、要らないものが処分されず放置されそれにより、次のようなことが発生します。

A. 必要なものが見つからず作業時間がかかってしまいます。

B. 要らないものに場所を占有され、作業がやりにくくなります。

C. 要らないものをとってあるために保管コストがかかってしまいます。

(2)　整理の手順とポイント

① 整理のルールの明確化

　整理のルールは、「要るものと要らないものとの判定ガイド」です。これを明確化し、マニュアルにまとめることで、要・不要の判定ができ、不要品を摘出・排除できるようになります。

② 不要品判定基準の設定

　過去の使用実績による基準と将来の予測に基づく基準で判定します。

③ 不要品判定管理表の作成

　　不要品判定は、５Ｓ委員会で各部門、対象区域の対象物ごとに
作成し、不要品抽出の管理表として、作成します。

◘ 不要品判定管理表の例

対象物（細区分）		不要品期間	不要品判定者	確認者	不要品一覧表記載
原材料	主原料	6カ月	主任	課長	○
	補助材料	6カ月	主任	課長	○
	端材	6カ月	主任	課長	
仕掛品		6カ月	主任	課長	○
半製品		6カ月	課長	部長	○
製品		6カ月	課長	部長	○
治具工具		6カ月	課長	部長	○
金型		6カ月	課長	部長	○

④　手持ち管理表を作成します。

　　手持ち管理表は、治工具、金型、測定具、運搬具などを対象に、
手元に保有する数量、種類を使用頻度に応じて設定します。

◘ 手持ち管理表の例

職場名		製本課（印刷機種別工具類）			
機種	工具名称	使用頻度	手持ち基準		備考
1号機	六角レンチ 4mm	毎日	機種別	1個	
	六角レンチ 5mm	毎日	機種別	1個	
	ドライバー ＋	随時	共有	1個	

(3)　実施手順

①　一斉スタート

　　整理基準と計画が決定したら、整理を開始します。ポイントは、
期間を決めて一斉に行うことです。

②　不要品の摘出

　　不要品の摘出は、要らないものに整理品伝票を貼り整理を進め

ます。

③　不要品の判定と処分

　　整理品伝票が貼られたものに対して伝票と現物を照らし合わせ
て行います。次に不要品判定管理表に照らして処分方法の判定を
行い、結果を不要品一覧表に記録します。

④　不要品の処分

　　不要品一覧表を基に廃棄や売却など最適な処分方法を決定し実
施します。

＜整頓の進め方＞

⑴　整頓とは

①　整頓の基本的考え方

　　整頓とは「ものの置き場を決め、使ったものを必ず所定の場所
に戻すこと」です。

②　整頓の目的

　　整頓の目的は、取りにくいムダ、探すムダなどにより発生する
ムダな時間を省き、できるだけ有効な実労働時間を増やすことに
あります。

⑵　整頓の手順とポイント

①　整頓の基準作り

　A．手順書の作成

　　　整頓基準を決め、それを手順書として明確にしておきます。

　B．表示基準

　　　ものの配置や置き場の表示、品名の表示、数量の表示を決め
　ます。

　C．置き場設定基準

　　　ものの置き場が誰でもわかるようにするために、ものの置き

に番地をつけて示します。

D．容器数量基準

容器への収納数の基準を取り決めておきます。

② 対象ブロックの整頓

A．対象ブロックの明確化

整頓の対象ブロックを明確にします。

B．配置の決定

整頓対象となるもののそれぞれに配置を明確にします。

C．表示の決定

材料、部品など表示を決めます。

D．ツールの準備

整頓するための道具を準備します。

E．整頓のスケジューリング

整頓対象ごとに「いつからスタートして、いつまでに、誰が、何をするのか」を計画します。

F．実施

スケジュールや分担にしたがって、各表示、線引きなどの整頓作業を行います。

③ 整頓における表示

A．ものの配置の決定

配置の基本原則により配置を決定します。

B．配置場所の整備

配置決定後、５S対象ブロックの整備を行います。

C．配置場所の表示

ものをどこに配置させたかを明らかにする場所の表示を行います。

D．名前の表示

そこに何を置くのか、置くべきものの表示をします。

E．量の表示

適正な量の表示をします。
　F．色による区分け
　　資材・工具などを使用目的別に分類し、そのカテゴリーごとに色を決め確認できる仕組みを作ります。
　G．形跡及び型枠の利用
　　戻しやすくするため形跡を利用したり、型枠を彫りそこに配置する型枠利用をしたりします。
④　整頓のポイント
　A．整頓は仕組み作り
　　整頓で大切なことは、その仕組み作りだということを意識しながら実行することです。
　B．職場は常に見られる仕組み
　　職場が常に外部からみられるようにすることです。

＜清掃の進め方＞

(1)　清掃とは

①　清掃の基本的考え方
　清掃とは、「汚れた場所を掃除し、きれいにすること」です。清掃活動をうまく進めていくためには、まず社員が自分たちの職場は自分たちできれいにしていこうという意識を持つことが重要です。
②　清掃の目的
　清掃の目的は、確実な清掃の実施により、汚れなどが原因になって発生する不良品や設備類の故障などを防止することです。

(2)　清掃の手順とポイント

①　日常清掃
　日常清掃は、毎日行う短時間の清掃です。この毎日の積み重ねがきれいな職場を維持します。

A．対象範囲の決定

　　清掃活動を開始するためには、対象範囲を決定します。

B．対象区域及び担当者の決定

　　清掃の対象となる区域を明確にします。次に清掃の担当部署や担当者を決め清掃担当者マップを作ります。

C．時間帯と所要時間の決定

　　清掃を行う時間帯はあらかじめ決めておき、その時間帯に社員全員で一斉に行います。

D．清掃方法の決定及び用具の準備

　　清掃方法は、清掃の対象により異なります。清掃方法を決定し、それらを実行するための用具を準備します。

E．清掃の実施

　　清掃の対象ごとに定められた担当者が、所定の用具を使い、所定の方法で清掃を実施します。

F．定期的な実施状況のチェック

　　清掃チェック表を用いて定期的にチェックすることが必要です。

G．定期的なルールの見直し

　　清掃のルールを定期的に見直しするなどして継続的な改善に努め最適な清掃が行われる状態を維持します。

② 点検清掃

A．対象設備類の決定

　　点検という目的を兼ねて行う設備類を明確にします。

B．担当者の決定

　　対象設備類ごとに、点検清掃の担当者を決めます。

C．時間帯と所要時間の決定

　　点検清掃は、日常清掃と同時に行います。

D．点検清掃方法の決定

　　点検清掃の方法は、点検する設備類により異なります。異常や汚れなどが多く発生しているかを調査し点検する箇所と

その項目、点検箇所の清掃の順序を決定します。

E．点検清掃の実施

　設備ごとに定められた担当者が定められた手順で点検清掃を実施します。

F．定期的な実施状況のチェック

　定められた通り実施しているか定期的に確かめます。

G．定期的なルールの見直し

　清掃のルールを定期的に見直しするなどして継続的な改善に努め最適な清掃が行われる状態を維持します。

③　汚れない職場作り

A．ついで清掃

　台車にモップを取り付け、運搬と清掃を同時に行う方法など手間要らずに清掃するような工夫も大切です。

B．発生源対策

　汚れない職場を作るためには、汚れの発生源をつきとめ、その発生源を絶つことが必要です。汚れの発生源を絶たなければ、汚れの発生、清掃、発生、清掃の繰り返しになります。

　発生源を確認してください。発生源を突き止めたら、汚れをださない方法を考えます。

＜清潔の進め方＞

(1)　清潔とは

① 清潔の基本的考え方

　清潔とは、「整理、整頓、清掃により、きれいな状態を維持すること」です。

　整理、整頓、清掃が行動を表しているのに対して、清潔は状態を表しています。清潔とは、誰がみても、誰が使っても、整理、整頓、清掃の３Ｓがきちんと実行され、きれいな状態が維持され

ていることをいいます。

②　清潔の目的

　　清潔の目的は、３Ｓを推進して構築した効率的な快適な職場環境を３Ｓの徹底、標準化の推進で維持していくことで、社員の安全・衛生管理や効率的な作業環境、機械・設備の故障防止や効率的な運転、製品の品質向上を図っていくことです。

⑵　清潔の手順とポイント

①　３Ｓの徹底と標準化

　　３Ｓの徹底は、３Ｓを日常業務の一環として組み入れ、毎日３Ｓが実行できるようにすることで実現します。

　　そして、誰でも３Ｓができるように手順書を整備します。

Ａ．３Ｓを維持する手順書の作成

Ｂ．手順書には、運用基準の明記

Ｃ．手順書は作成後、社員に周知し、実際に行動させて定着

②　再発防止策

　　毎回同じような問題が発生している状態のものについては、問題が次回からは発生しないように「３Ｓの再発防止策」を講じます。

　　そして、不要品が発生しないない仕組み（整理）、乱れない仕組み（整頓）、汚れない仕組み（清掃）を構築します。

＜躾の進め方＞

⑴　躾とは

①　躾の基本的考え方

　　躾とは、「職場のルールを守ること」です。

　　社員は就業規則をはじめ、各職場で定められたルールを守らなければなりません。そのためには、社員全員で話し合いを行うな

ど、理解を得た職場のルール作りを行うことが大切です。

② 躾の目的

躾の目的は、職場をより安全にすること、あるいは職場のより良い風土作り、さらには企業発展です。

躾ができていないと次のようなことが発生します。

A．整理しても、すぐに不要品がたまる

B．整頓しても、すぐに治工具や刃具が乱れる

C．お客様が来ても挨拶がなく、信用を落とす

(2) 躾の手順とポイント

① ルールを作る

職場にどのようなルールがあるか点検します。必要なルールが存在しない、あるいはルールがあっても、そのルールの内容が不明瞭な状態では躾は徹底することは困難です。必要なルールは作りましょう。

② ルールを実践する

A．ルールを周知する

ルールがあってもそれが全員に知らされていない場合があります。このため、ルールがしっかり周知しているか確認します。

ルールの存在を知らなければ、そのルールを守ろうという行動には結びつきません。

B．ルールを守る

周知していても、ルールを守れないことがあります。ルールを守る環境を作りルールを守っていきます。

C．ルール違反は注意する

ルール違反は、その場で注意することが大切です。

③ 必要があればルールを変更する。

周知していても、ルールを守れないことがあります。ルール変更の必要があればルールを変更します。

④ ルールを繰り返し、辛抱強く指導する

ルールを守らない場合は、繰り返し、辛抱強く指導していきます。

3 全社共通 — 改善提案制度の仕組みを入れる

▶仕事のやり方は、常に改善して生産性向上を目指す

1. 改善提案制度とは

　日常の仕事を効率的に進めていくためには、日々の仕事の改善が大切です。そのための手段として、改善提案制度が非常に役に立ちます。改善提案活動を続けていくことで仕事が進歩し、より良い善循環がもたらされます。そのためには、改善提案を社員で積極的に提出する風土作りも必要となります。

2. 改善提案制度のメリット

　改善提案制度が浸透すると仕事のやり方が改善していきます。具体的には、製造部門では、**第1**に、作業時間が削減されて作業の効率化が図られます。**第2**に、作業上のトラブルを改善し、不良品の発生を防止します。**第3**に、機械の故障やチョコ停の防止、作業の安全性の向上につながります。その結果、製造コストの削減につながり利益の増加をもたらします。事務部門では、事務作業の効率化などが進み事務部門のコスト削減につながります。一方、社員の能力開発にもなります。考える習慣や問題解決能力が身につくようになります。提案活動には、上司の支援も必要なので、OJT教育にもなります。

3. 改善提案制度の組織作り

(1)　審査委員会を設立します。

　　①　審査委員を各部門から選出します。

　　②　審査委員会で改善提案書を作成します。

　　　　「改善提案書の例」参照

　　③　報奨制度を検討します。

　　④　改善提案の周知方法を検討します。

(2)　審査委員会で改善提案の募集をします。

　改善提案書を入れる改善箱などを準備して入れられるようにします。

(3)　審査委員会で改善提案書の検討をします。

　集まった改善提案書を定期的に委員で検討します。

(4)　改善提案の採用の可否を決定し、提案者に通知します。

　報奨制度があれば同時に報奨します。

(5)　採用案は、所管部に実施依頼をします。

　採用案の実施ならびに効果の確認は所属部で行います。

4．改善提案書の例

改　善　提　案　書		
所属	氏名	年　月　日
【現在、どのようにしていますか】 　共用の３段の工具箱に雑然と工具類が置かれています。		
【どのような問題が発生していますか】　（非効率化、負担、不安全など） ①　工具を探すのに時間がかかります。 ②　工具の置く方向が悪く刃部でケガをすることがあります。		
【どのようにしたら改善できますか】 ①　切削工具と作業工具と冶具の順にそれぞれの段を分けます。 ②　工具は、姿絵を書き、必ずその場所に返却できるようにします。		
【どのような改善効果がありますか】　（効果とは効率化、負担減、安全化など） ①　工具を探す手間がなくなります。 ②　使うときに工具でケガをすることがなくなります。		
所管部使用欄		効果確認
１．実施	実施日：　　年　月　日	確認日：　　年　月　日
２．一部修正し実施	実施日：　　年　月　日	実施後効果はどうか
３．実施しない　理由：		

注1．記載方法は、図、表、イラストでもかまいません。

注2．記載しきれない場合は、別紙を添付してください。

5．改善提案制度の進め方

　改善提案制度は、実際には、ただ、改善提案しますでは、なかなか提案はでてきません。強制的かもしれませんが、全員が最低月に１件は、提案をあげるという制度にしてみましょう。社員のなかには、提案するといっても浮かばないという人もいます。しかし、業務において完全なものはないはずです。もっと効率的にするには、もっと負担をなくすには、もっと安全にするにはと考えていくと必ず改善すべきものはあります。

　積極的に業務の改善提案を出すように推進していきましょう。また、改善提案に対して、会社側として報奨金を出すこともあります。報奨

制度をきちんと制度化すると改善提案した者は、報奨金など獲得できるため報われます。

4 営業部門 ─ 営業日報の 仕組みを入れる

▶営業日報は、営業活動の状況を記録する
大切な情報源となる

1. 営業日報とは

営業日報は、営業活動を日々記載するものです。

この営業日報により、各営業担当はそれぞれ営業活動終了後に、訪問先、目的、商談内容、月や日々の目標に対する成果などを記載していきます。そして、記載が完了したら上司に提出して営業指導を受けます。

営業担当者の日々の行動管理と目標計数に対する進捗管理を行います。営業目標を下回る場合はその対策を担当者が記載します。また、営業日報は、上司がみて指導を行います。営業日報は、会社全体の計数目標を達成するための基本となるものです。

2. 営業日報のメリット

第1に、日常の営業活動を詳細に把握することができますので、上司が営業のやり方などにムダがないか検証できます。**第2**に、商談状況があるため、上司の支援が必要な時などは、上司としてタイムリーに同行訪問をしてフォローできます。**第3**に、営業担当者のその日の目標の達成度が分かりますので、当日の目標を下回っている場合には、その対策を一緒に検討することができます。

3．営業日報の構成

　企業によってスタイルはいろいろありますが、共通しているものをあげます。

　営業日報にはその日に訪問した時間と訪問した結果の商談内容を記載します。商談内容には、訪問先、訪問相手、訪問目的、商談状況、商談結果を記載します。

　商談内容は、重要で商談内容に要点がしっかり書いてないと上司も具体的な指示ができないので注意が必要です。

　また、計数については、今月の目標、今月の実績、本日の実績を記載します。さらに、その日の問題点と対策を記載します。上司に提出して上司の指導コメントをもらいます。

4．営業日報の事例

担当者　山田　太郎　　　　　　　　　　　　　○年○月○日○曜日

時間	訪問先	訪問相手	訪問目的	商談状況	商談結果
10:00	○商事	山崎部長	新製品の案内	新製品のセールス	4月から400セット納入決定。
11:00	○興業	長谷課長	新規先の訪問	製品の案内とセールス	製品を理解した。

今月の目標	今月の実績累計	問題点と対策	上司指示

5．営業日報の進め方

　営業日報は、営業担当者が1日の活動を振り返り、その成果と問題点と対策を報告するものです。

　この営業日報により、上司は営業担当者全員のその日の行動を把握

します。そして、目標達成に向けて改善すべき点をタイムリーにし指導していきます。また、営業日報を書く場合にその日の営業面で良かったことや悪かったことを振り返させることにより、翌日以降の営業の見直しに役立ちます。

5 営業部門—顧客台帳の仕組みを入れる

▶顧客台帳は、取引先についての情報を蓄積した取引情報となる

1. 顧客台帳とは

　顧客台帳は、取引先情報を作成し管理していくものです。顧客台帳には、取引先の売上規模や社員数などの基礎情報、取引先評価情報、取組方針、訪問記録などを記載しています。この顧客台帳で、取引先の内容がわかるとともに取引先と当社との取引内容がすべてわかります。

2. 顧客台帳の構成

　顧客台帳では、取引先情報として、売上高、販売先、仕入先など企業の業務の取組内容を記載します。次に、取引先評価として、品質、コスト、納期、財務力などの取引先の業務力ならびに財務力の評価を記載します。さらに、訪問交渉記録として、取引先企業とどのように取引していくかの取組方針を決め、その方針にしたがって訪問計画を立てて、訪問計画を基に訪問した状況を記載していきます。

　顧客台帳の基本的な内容は、次のようになります。取引先の状況により、必要な情報は適宜追加するようになります。

(1) 取引先情報

① 社名、住所、代表者、所管部署、設立年月、業務内容

② 売上高、社員数、主要販売先、主要仕入先、取引銀行

③ 支払条件

(2)　取引先評価

① 　定性条件

　　品質、コスト、納期、資産力、経営者能力、販売力、仕入力、技術力、開発力

② 　定量条件

　　収益性、安全性、成長性（決算書より分析）

(3)　訪問交渉記録

① 　取組方針

② 　訪問計画

③ 　訪問実績…訪問日、面談者、面談結果、次回対策、上司意見

3.　顧客台帳の事例

顧客台帳　　　　　　　　　　　　　　　　　　　　　　　　　　　　　＜表＞

取引先情報		取引先評価	
社名	㈱○○工業	品質	品質の○○段階の○レベル
住所	○○市○○5-10	コスト	低コストを武器にしている
代表者	代表取締役 野中一郎	納期	定められた納期による
所管部署	購買部	資産力	自社社屋と工場は自社所有
設立年月	昭和20年5月	経営者能力	リーダーシップ力がある
業務内容	機械部品の販売	販売力	全国シェア20%を持つ
売上高	100億円	仕入力	安定した仕入れを持つ
社員数	100名	技術力	○○では、業界NO1の技術を持つ
主要販売先	○○物産他5社	開発力	自社に開発部門を持つ
主要仕入先	△△工業他5社	収益性	業界平均以上
取引銀行	東洋銀行	安全性	業界平均以上
支払条件	3カ月の支払手形	成長性	飽和状態になりつつあり

訪問交渉記録　　　　　　　　　　　　　　　　　　　　　　＜裏＞

取組方針	3月中に新製品の取引を契約する。			
訪問計画	毎週1回は訪問する。			
訪問日	面談者	面談結果	次回対策	上司意見
3月22日	宮田部長	当社の製品に理解を示す。	継続して説明する。	相手のよく要望を聞くこと。
3月29日	宮田部長	納入の方法で話が進む。	契約に結び付ける。	契約条件を詰めること。

4．顧客台帳の進め方

　営業面では、取引先の会社の状況がわかりますので、そうした情報を基に、製品などの取引内容を打ち合わせしていくことができます。また、営業上の製品取引などでは、一般的に与信を設定します。こうした時に、過去の取引量や財務力を基に評価していきます。さらに、毎年度、取引方針を決め、その方針の基に訪問していきますが、商談状況を把握して、取引の強化を図っていきます。

5．顧客台帳のメリット

　顧客台帳には、次のようなメリットがあります。

　第1に、取引先の全容がわかりますので、取引方針を容易に設定できます。第2に、取引先の財務力などがわかるため与信管理に利用できます。第3に、取引先との時系列の交渉経緯がわかるため、自社の営業担当や上司が変更になってもいままでの経緯がきちんと把握できスムーズな引き継ぎができます。

6 製造・建設部門─作業手順書の仕組みを入れる

▶作業手順書は、作業工程の取扱いを
まとめた標準手順書である

1. 作業手順書とは

　各部署で作業する工程を時系列にまとめたものです。そして、当該工程でのポイントや必要な業務知識を記載します。作業手順書により、作業の標準化を進めていき、効率的に仕事を目指すとともに、品質の向上や部下の指導や技能伝承ができます。

2. 作業手順書のメリット

　作業手順書には、次のようなメリットがあります。

　第1に、作業ミスが減少します。顕在化した手順書があることにより、常に手順書で作業することになり、作業ミスはなくなります。

　第2に、作業手順書を基に品質が改善します。**第3**に、災害防止になります。過去の事故事例などを組み込むことにより、同じような事故を防止できます。**第4**に、教育が迅速化します。作業手順書があるため、それをテキストに新入社員や後輩に正確に指導することができます。**第5**に、技能伝承ができます。熟練した技術者が退職しても、技能伝承ツールとして作業手順書があるために、技能を継承して作業に支障をきたしません。**第6**に、生産性が向上します。最も適切な手順をまとめていますので、ムダ、ムラ、ムリのない作業にしていくことができます。

3. 作業手順書の構成

　作業手順書には、決まった形式はありません。しかし、ポイントは

ありますので、それらを組み込んで作成します。

(1)　作業手順書の基本的な構成

作業手順書の基本的な構成は、作業手順と作業ポイントと業務に必要な知識からなります。

(2)　作成上の留意点

①　作業手順書は、法律に違反しない内容であることが大切です。職場の安全衛生基準などに照らし合わせて問題がないか検証していきます。

②　作業手順書は単独で作るのではなく、自社の技術基準や設備管理基準などを参照して作ります。

③　作業手順書は、生産用と安全用に分けて作成している場合がありますが、別々にみるのは煩わしいので一本化にすることが望ましいです。

4.　作業手順書の事例

○○課	○○職場	作業人員	1名	作成日	○年○月○日
				改定日	○年○月○日
作業名	配送車の洗車・清掃手順書				
作業範囲	配送車の洗車・清掃				
機械	洗車機、掃除機			道具類	ブラシ
資格・免許	自動車普通免許			保護具	専用手袋
NO	作業手順		ポイント		必要な業務知識
1	配送車の鍵を保管庫から持ってくる。		鍵の紛失に注意		
2	配送車を保管場所から洗車場に移動する。				洗車手順書を準備

5. 作業手順書の進め方

　作業手順書は、作業の標準化を進めていきます。人により作業方法が異なる場合がありますが、そうした方法を統一して、効率的な仕事を目指します。一方、作業手順書を基に品質改善や作業上の事故を防止していきます。また、新人が作業を覚える時や新たに作業を修得する時は、マニュアルとして活用します。さらには、熟練者の技能を手順書という形で見える化して残していきます。

7 製造・建設部門― 外注管理の仕組みを入れる

▶外注管理は、外部委託先の管理で
第2の作業場となる

1. 外注管理とは

外注とは、全部または一部の作業を外部に委託するものです。その場合に、外注先について内外作の検討、選定、価格決定、納期管理、品質管理といった手順を踏んで管理していきます。

2. 外注管理のメリット

第1に、外注先の依存内容を明確にすることで、過度の依存がなくなります。**第2**に、外注先の評価を行うことで、外注先の力量をきちんと把握できます。**第3**に、外注先の価格を把握できるために適正な外注費で取引できます。**第4**に、外注先の生産・施工計画を把握できるため、納期遅れがなくなります。**第5**に、外注先の品質管理を行うので、外注先の品質トラブルがなくなります。

3. 外注管理の進め方

外注管理は次の手順で進めていきます。

第1に、内外作の区分を設定します。

社内でやるかそれとも外注でやるかは重要な問題で、製品の品質、コスト、納期等に影響します。このため、社内製作か外注かは一定の基準を設けて決めることか大切です。

社内製作の基準としては、次のようなものがあります。

① 自社に生産能力がある。

② 技術を自社で保有したい。

③ 自社生産の方がコスト上有利

等があげられる。

一方、外注の決定基準としては、次のような基準となります。

① 社内の生産能力を超える受注がある。

② 技術的に社内ではできない。

③ 外注の方がコストが安い

等があげられる。

第2に、外注先の選定をします。

従来からのつながりで外注先が固定化している場合が多くみられますが、外注先の経営内容や能力は変わるものであり、常に外注先を「選定」するという意識が必要です。

そのために、外注先管理カードや評価表を作成します。

◘ 外注先管理カードの事例

〇年〇月〇日現在

企業名	〇〇会社	設立年月	1974年10月
代表者名	〇〇太郎	所在地	東京都渋谷区
資本金	1,000万円	電話番号	(03)△△-××
社員数	50名	業種	部品製造
経営状況	社長交代後、業績はやや減少傾向にある		
主要業務	部品製造販売	主要設備	〇〇機械
取引条件	手形3カ月		
取引銀行	〇銀行〇支店	担当者	××
取引経緯	1985年に取引開始。当社製品の10%外注		
特記事項			

第3に、外注価格を評価します。

外注内容に応じ、選定した数社より見積りを取り、内容の検討を行います。見積りは、通常外注先から材料費、労務費、経費などを集計

したものが提出されます。これをみて、内容の正確性、妥当性、さらには安いのか、高いのかを評価していきます。ここで重要なことは、自社のモノサシ（価格見積技術）で評価することです。このモノサシがなければ、見積金額が安いのか高いのか評価できないことになります。

第4に、納期管理を徹底します。

外注は、自社工場ではないため内容がみえにくい。このため、自社工場と同様に「生産管理」を徹底していく必要があります。納期遅れが発生すると後の段取りに狂いが生じ全体に影響します。納期管理では、外注先の生産の計画と実績をチェックしていきます。そして、生産の計画と実績に差異がある場合は、原因を究明し計画通りに進めるにはどうしたら良いかを検討し、その対策を講じていきます。

第5に、品質管理を厳正に行います。

品質管理は、非常に大切なことであり、不良品が発生すると企業の将来にも影響します。品質トラブルの原因は、仕様書を受けとった外注先が品質の内容を十分理解できない場合や外注先の品質管理体制に不備がある場合です。このため、外注先との定例工程会議を通じて、工程ごとに仕様の確認を行ったり、品質管理のチェックシート等を作成したりして活用します。また外注先の品質管理体制に問題がある場合には、外注先に対して品質管理教育を実施します。

4.　外注は第2の工場

製造コストや工事コストを削減するためには、外注管理のなかで次のことを考える必要があります。

第1に、外注のコストダウンを常に考えます。

外注は、製造原価そのものであり、この原価を下げれば利益があがります。このため、外注のコストダウンの方法を積極的に検討していくことが大切です。コストダウンの方法としては、QC（Quality Control：品質管理）やVE（Value Engineering：価値工学）等を活用していく

と良いです。

　第2に、外注先の指導・育成をします。

　具体的には、生産方法改善等の技術面の指導や納期管理・品質管理の管理レベルを向上させるための指導を実施します。こうした指導を行っていくことが外注先のレベルアップにつながっていきます。

　第3に、外注先の新規開拓をします。

　それは、生産能力のアップや業務内容を広げていくためだけでなく、外注先を見直し、より優良な外注先を見つけ出していくためでもあります。企業は、外注管理の巧拙により、利益を伸ばしたり、利益を失ったりします。外注を利用している企業にとって、徹底した外注管理こそ収益増の決め手であると思います。

8 総務部門 ― 人事考課の仕組みを入れる

▶人事考課により、社員の会社貢献度を正しく評価することである

1．人事考課とは

　会社に対して、努力して貢献度が高い社員と努力せず貢献度が低い社員が同じ昇給だとすれば不公平です。こうしたことをそのままにしておくと社員は仕事に真面目に取り組む意欲がなくなってきます。

　このため、会社ではきちんと貢献度を評価して適正な処遇をしていくことが必要です。この社員の貢献度を正しく評価する方法として人事考課を行います。

2．人事考課のメリット

　第1に、会社に対する貢献度を適正に評価した結果を昇給、昇格・昇進、賞与に反映させることができます。**第2**に、担当している仕事の能力を評価するとともに、能力をさらに伸ばしていく役割があります。**第3**に、仕事の能力や適性を判断して適した職務配置をすることができます。

3．人事考課の構成

⑴　人事考課を実施するための条件

　人事考課の条件には、3つあります。

　第1に、人事考課基準が作成されていることです。

ﾄﾞ

第2に、作成した人事考課基準が社員に公開されていることです。

第3に、人事考課基準によって考課した結果が社員にフィードバックされていることです。

(2)　人事考課を行う目的

人事考課の目的には、次のようなものがあります。

① 会社への貢献度評価（最も重要な評価です）

会社に対する貢献度を適正に評価し、その結果を昇給、昇格・昇進、賞与などに反映させます。

② 能力開発

担当している仕事の能力を評価するとともに、さらに伸ばしていく役割があります。

③ 適正な配置

評価をするなかで仕事の能力や適性を判断して、最も適した職務配置に利用します。

(3)　人事考課の評価対象

人事考課の評価対象は、勤務時間内における業務上の仕事の上での発揮度を対象とします。このため、性格や潜在能力などは評価対象としません。

(4)　人事考課の構成

人事考課は、原則して、成績考課と執務態度考課と能力考課という3つの考課により評価する構成になっています。

① 成績考課

成績考課は、仕事の内容について質的な面と量的な面から評価します。

② 執務態度考課

執務態度考課は、仕事に取り組む行動を評価します。

規律性、協調性、積極性、責任性などを評価します。

③　能力考課

能力考課は、仕事を遂行できる能力を評価します。

知能・技能、判断力、企画力、折衝力、指導力、理解力、創意工夫などを評価します。

(5)　考課の種類

考課の種類は、賞与、昇給、昇格の３種類です。

(注)　昇格は、職能等級制度を導入している会社を基準にしています。

(6)　考課要素のウェイト

各考課要素は、役職、職務、職種などによって、評価にウェイトをつけます。また、考課の種類によっても評価にウェイトをつけます。

4.　人事考課の進め方

(1)　考課者

原則として、次のような段階の評価をしていきます。１次考課者は、被考課者の直属の上司になります。２次考課者は、１次考課者の上司になります。また、１次考課者と２次考課者の考課結果に違いがある場合には、２次考課者は１次考課者の意見を聞いて原因を追究します。３次考課者は最終考課者で通常は経営者がなります。

(2)　考課方法

考課方法は、原則として、あるべき姿（会社の求める水準）に対してどういう水準なのかを評価します。

(注)　被考課者全体の順位を決めＳは全体の５％、Ａは10％というように評価割合を決める相対評価は原則として行いません。

(3)　考課結果のフィードバック

　面接により、考課結果を説明します。考課結果の良い者には、どこが良かったのかを説明するとともに、さらに高い目標を目指すように指導します。一方考課結果の悪い者には、なぜ悪かったのかを説明するとともに、改善策を一緒に検討します。

(4)　考課の実施

　考課は、次により行います。

　①　賞与の考課

　　　賞与は、賞与の考課表により評価します。賞与の考課表は、成績考課と執務態度考課を作成して評価します。

◆ 人事考課表・賞与の事例

人事考課表（賞与）

考課要素			評定基準	1次			2次			決定
成績考課	仕事の質	1	仕事は、正確（間違いがない）であったか	5	3	0	5	3	0	
		2	仕事の出来栄えは良かったか	5	3	0	5	3	0	
	仕事の量	1	仕事は、無駄なくテキパキと敏速に処理していたか	5	3	0	5	3	0	
		2	仕事が遅れて間に合わなかったことはなかったか	5	3	0	5	3	0	
執務態度考課	規律性	1	上司の指示、命令はきちんと受け、守っていたか	2	1	0	2	1	0	
		2	報告、連絡、相談は正確に行っていたか	2	1	0	2	1	0	
	協調性	1	同僚の仕事を援助していたか	2	1	0	2	1	0	
		2	同僚とトラブルを起こさなかったか	2	1	0	2	1	0	
	積極性	1	人の嫌がる仕事を進んで行っていたか	2	1	0	2	1	0	
		2	問題意識を持ち改善しようとしていたか	2	1	0	2	1	0	
	責任性	1	仕事を途中で放棄する事はなかったか	2	1	0	2	1	0	
		2	責任を回避・転嫁する事はなかったか	2	1	0	2	1	0	

② 昇給の考課

　　昇給の考課は、改めて昇給として考課するのではなく、夏と冬の賞与の考課表の2回の評価を勘案して昇給評価を決定します。

（注）昇給の場合は、考課表による考課はありません。

③ 昇格の考課

　　昇格の考課は、昇格の考課表により評価します。

◪ 人事考課表・昇格の事例

人事考課表（昇格）

考課要素		評定基準	1次			2次			決定
能力考課	知識・技能 1	仕事に関する基本知識を修得している	2	1	0	2	1	0	
	知識・技能 2	仕事の段取りができる	2	1	0	2	1	0	
	判断力 1	事態を正確に判断し対応できる	2	1	0	2	1	0	
	判断力 2	自己流に陥ることがない	2	1	0	2	1	0	
	折衝力 1	問題解決において相手と粘り強く交渉している	2	1	0	2	1	0	
	折衝力 2	話し合いで自分の考えを相手によく伝えている	2	1	0	2	1	0	
	理解力 1	上長の指示を誤りなく理解している	2	1	0	2	1	0	
	理解力 2	問題や状況を正しく理解している	2	1	0	2	1	0	
	創意・工夫 1	仕事の手順や方法の改善策を提案している	2	1	0	2	1	0	
	創意・工夫 2	新しい方法について考案している	2	1	0	2	1	0	

9 総務部門―社員教育の仕組みを入れる

▶社員の育成は、会社の成長につながるため
社員教育は会社の重要課題

1. 社員教育とは

　社員教育は、企業にとって重要な課題です。社員教育をしなければ、スキルが進歩せず常に同じことしかできません。社員教育をしていくことで、上級の仕事をしたり、他の仕事をしたり、他部門の仕事も可能となります。社員教育は、そうした仕事力をアップするための教育です。

2. 社員教育のメリット

　第1に、会社に対する貢献度を適正に評価した結果を昇給、昇格・昇進、賞与に反映させることができます。**第2**に、担当している仕事の能力を評価するとともに、能力をさらに伸ばしていく役割があります。**第3**に、仕事の能力や適性を判断して適した職務配置をすることができます。

3. 社員教育の進め方

　社員教育は、次のように進めていきます。

(1) スキルマップを作成する

　スキルマップは、各部門で必要なスキル（知識、技能）を選択し、現在の個人別の能力を図表にしたものです。体系的に部門に必要な能

力を知ることができ、能力開発に役立ちます。

スキルマップは、次の手順で作成します。

① 各部門において、どのようなスキルが必要なのかをカードなどに書き出します。

② 仕事単位を分類し、さらに要素単位にまとめます。

③ 必要に応じ要素をさらに作業単位でまとめます。

④ 選択した要素単位ごとに仕事の難易度を設定します。

　　具体的には、次のようにします。

　　A…難しい　B…普通　C…容易

⑤ 選択した要素ごとに現在のスキルの評価をします。

　　具体的には、次のようになります。

　　●…指導できる　◎…1人でできる　○…少しできる

　　△…ほとんどできない　無印…できない

◆ スキルマップ表の事例（印刷会社の例）

要素	基本ソフト	DTP基礎	プレス基礎	製版	製造の基礎	設備管理	データ管理	進行管理	見積り	デザイン	5S運動	パソコン	報・連・相	積極性	挨拶	指導力
難易度	A	A	A	A	B	A	A	A	A	A	B	B	C	C	C	A
山田太郎	○	●	△	△	△	△	○	○	○	○	△	△	△	○	○	○

●…指導できる　◎…1人でできる　○…少しできる　△…ほとんどできない　無印…できない

(2)　スキルアップ計画・実績表でスキルアップとマルチスキル化を進める

　スキルアップ計画・実績表で、指導を受ける者と指導者を決めて、スキルマップに基づいて、年間計画を立てて計画的に教育していきます。

◘ スキルアップ計画・実績表の事例（印刷会社の例）

製造部門		スキル名		基本ソフトの習得							
被指導者	指導者	現在スキル	目標スキル	区分	4月	5月	6月	7月	8月	9月	10月
山田太郎	井上達夫	△	○	計画	━━	━━	━━▶終了				
				実績	━━	━━	━━▶	○			

10 経理部門 — 実行予算管理の仕組みを入れる

▶実行予算管理により、
工事の利益確保を徹底する

1. 実行予算管理とは

　建設業などでは、受注工事ごとに自社の費用ならびに外注先等の見積り費用を基に、予算を組み実行予算書を作成しています。この実行予算書を基に、工事の出来高により支払計上していきます。そして、成り行き的な支出管理を防止するために、実行予算管理一覧表を作成し、実行予算書通りに進むように管理します。

2. 実行予算管理表の内容

　成り行き的な支出管理を防止するために、実行予算管理一覧表を作成し、管理していきます。実行予算管理一覧表は、もともとの予算に対し、月々の支払と残りの支払予定額を常にチェックしていくシステムです。具体的には、経営会議で、この一覧表を基に毎月、当初予算に対し、進捗率に応じて支払った額と今後発生する支払残高が最終的にオーバーするのかを検討し、オーバーする場合には、ただちに対策を講じるようにします。

　この管理表は、次のような項目で作成します。

(1) 予算

① 材料費、労務費、外注費、経費の明細とその合計
② 工事の利益額、請負額に対する利益率

⑵ 工事進捗率

工事の現時点の工事全体からみた進捗率

⑶ 工事のいままでの支払の累積

材料費、労務費、外注費、経費の明細とその合計

⑷ 工事の今後の支払予定の累積

材料費、労務費、外注費、経費の明細とその合計

⑸ 工事の総支払額

⑹ 工事利益と請負額に対する利益率

▶ 実行予算管理一覧表の例

工事名	担 当	工 期	請負額	予算						利益率(%)
				材料費	労務費	外注費	経 費	合 計	利益額	
○○○○	○○○○	○○○○	1,000	500	300	100	50	950	50	5

(単位：百万円)

工事進捗率(%)	支払済の累積					支払予定の累積					総支払		利益率(%)
	材料費	労務費	外注費	経 費	合 計	材料費	労務費	外注費	経 費	合 計	合 計	利益額	
50	250	150	50	25	475	250	150	50	25	475	950	50	5

3．実行予算管理の進め方

実行予算は、次により管理を徹底していきます。

⑴　工事着工前に、必ず実行予算書を作成

　急ぎの工事ということで実行予算書を作成せずに進めてしまうことがあります。しかし、現実は、こうした実行予算を工事着工後に作成したり、省略したりしている工事は、必ずといっていいほど赤字工事になっています。

⑵　工事着工前会議を徹底

　実行予算書を作成した後、経営者を含めた経営会議で、工事の採算と運営上の問題点を検討します。

⑶　目標利益を下回る工事

　経営会議で、VE（Value Engineering：価値工学）などを検討してさらなるコストダウンを目指します。

⑷　支払いの精査

　実行予算通りの支払いかどうか支払い時に検証します。

⑸　実行予算管理一覧表による中間チェック

　実行予算管理一覧表により、毎月工事の採算状況を検証していきます。

4．実行予算管理のメリット

　実行予算管理一覧表を基に、予算に対し、月々の支払と残りの支払予定額を常にチェックしていくシステムです。このため、この一覧表

を基に毎月、当初予算に対し、進捗率に応じて支払った額と今後発生する支払残高が最終的にオーバーするのかを検討し、オーバーする場合には、ただちに対策を講じることができます。

11 経理部門 ― 資金繰り管理の仕組みを入れる

▶資金繰り管理により、
円滑な資金調達をしていく

1. 資金繰り管理とは

　資金繰り管理は、資金繰り表を基に、当月実績の資金収支管理を行うとともに、将来の月別の資金収支管理を行っていくものです。

2. 資金繰り管理のメリット

　会社の資金管理が成り行き的になっていますと突然資金が足りなくなって取引の金融機関に駆け込むことになります。こうした突然の資金ショートを無くすためには、資金繰り表を作成し、資金調達がいつ必要なのかを把握することが大切です。また、資金繰り表により、収支バランスが適切かも検討し、問題があれば内容を見直ししていくことができます。

3. 資金繰り表の構成

　この資金繰り表は、次のような項目で作成します。

(1)　前月繰越高

　前月の現金の繰越高を記入します。

(2)　収入

　売上現金の回収、受取手形の取立金、前受金、その他収入を記入します。

(3)　支出

仕入現金支出、支払手形の決済、外注加工費、人件費、諸経費などを記入します。

(4)　財務収支

①　調達

手形割引、借入金を記入します。

②　返済

借入金の返済を記入します。

(5)　翌月繰越高

翌月の現金の繰越高を記載します。

4.　資金繰り管理の進め方

資金繰り表により、次のような管理をしていきます。

(1)　売上の回収と仕入れの支払いはバランスがとれているか

(2)　現金回収と手形回収の割合に変化はないか

(3)　人件費、経費などの支払いは妥当であるか

(4)　月別の差引きの過不足に問題はないか

(5)　借入金の推移に問題はないか

(6)　手形割引の推移に問題はないか

◘ 資金繰り表の事例

(単位:千円)

科目		4月実績	5月予定	6月予定	7月予定	8月予定
前月繰越高(A)		1,000	2,880	4,760	6,640	8,520
収入	売上現金回収	2,000	2,000	2,000	2,000	2,000
	受取手形取立金	100	100	100	100	100
	前受金	100	100	100	100	100
	雑収入	10	10	10	10	10
	その他	0	0	0	0	0
	計(B)	2,210	2,210	2,210	2,210	2,210
支出	仕入現金支出	100	100	100	100	100
	支払手形決済	10	10	10	10	10
	外注加工費	10	10	10	10	10
	人件費	100	100	100	100	100
	支払利息・割引料	10	10	10	10	10
	設備資金支払	0	0	0	0	0
	決算関係資金	0	0	0	0	0
	計(C)	230	230	230	230	230
差引過不足(B-C=D)		1,980	1,980	1,980	1,980	1,980
財務収支	調達(+) 手形割引	0	0	0	0	0
	長期借入金	0	0	0	0	0
	短期借入金	0	0	0	0	0
	返済(-) 長期借入金	100	100	100	100	100
	短期借入金	0	0	0	0	0
	差引額(E)	▲100	▲100	▲100	▲100	▲100
翌月繰越高(A+D+E)		2,880	4,760	6,640	8,520	10,400

第9章

経営改善計画は
進捗管理でチェック

1 進捗管理で経営改善計画の進み具合を検証する

▶経営改善計画が予定通り進んでいるかを管理して目標達成を目指す

1. 経営改善計画の進捗管理

　経営改善計画を作成することにより、経営改善目標のゴールが明らかになり、当該計画にしたがってまい進することができます。

　しかし、経営改善計画は、計画を作成しただけではゴールにたどりつけません。作成した経営改善計画を実行していかなければなりません。ただ、経営改善計画をただ実行していこうと掛け声をかけただけでは、行動計画のなかで遅れがでてきたり、問題が発生して行動計画がストップしてしまったりする場合が生じます。

　こうしたことを解消するために、経営改善計画の進捗管理が行われます。経営改善計画が予定通り進んでいるかを、この進捗管理で常時検証していきます。

2. 進捗管理の役割

　進捗管理の役割は次のようになります。

　第1は、経営改善計画の推進を後押しします。

　経営改善計画を一生懸命に作成しても、作成しただけで満足してしまい、書棚に置いているケースがあります。折角、経営改善計画を作成したのですから実行していかなくては意味がありません。進捗会議で社長を先頭に経営改善計画の推進を後押しします。

　第2は、問題解決の場とします。

　経営改善計画を推進する上で行動計画が進まなかったり、問題が発

生したりした場合に、進捗会議の場でその原因を追究し、解決策を検討していきます。また、行動計画が外部要因などにより、取りやめになる場合もこの場で判断していきます。

　第3は、計画と実績の差異を検証します。

(1)　計数の差異の検証

　月次の目標利益計画や予算管理表を基に目標利益計画通りに推移しているかを進捗会議でチェックします。仮に、予算が実績を下回っている場合は差額対策を検討し、改善策を考えます。

(2)　行動計画の進捗の検証

　行動計画は、毎月計画したことが予定通り実行されているかをみます。行動計画管理表で運用している場合は、計画、実行、検証、改善というPDCAのサイクルで回していますので、進捗会議でこのPDCAのサイクルがきちんと回っているかをみていきます。

　具体的には、計画したことに対して、何を実行したかをみていきます。次に、計画したことと実行したことの差があるのかどうかを検証します。もし、計画通りに実行できなかった場合は、できなかった部分について改善策を検討して、次月以降に実行するようにしていきます。

　第4は、経営改善計画の修正をします。

　外部環境や内部環境が著しく変化して、当初作成した経営改善計画が現状に合わなくなる場合があります。現状に合わないまま経営改善計画を進めても経営目標の達成はできませんので、この進捗会議で経営改善計画の修正を検討していきます。

　第5は、コミュニケーションを図ります。

　経営改善計画は、各部門が協力して推進していくものです。進捗会議を通じて、部門間のコミュニケーションを図り協力体制を構築していきます。そして、全体施策や部門施策に問題が発生した場合は、進捗会議で意見を交換して、改善策を実施していきます。

◆ 進捗管理が経営ビジョン達成への道

2 進捗会議の出席

▶経営改善計画の進捗会議は、人選と会議へ望む姿勢が重要

1. 会議への出席

　中小企業の場合に、経営改善計画の会議を開催していると会議が停滞したり、会議自体が成り立たなかったりする場合がしばしばあります。こうしたことは、いくつかの要因で起こります。

　会議が停滞したり、会議が成り立たない大きな要因は人選にあります。通常は、経営者と役員と部門責任者が中心になり、経営改善計画の進捗会議を行います。しかし、建設会社などによくあったことですが、建築部門の担当者が会議に出席しないということがしばしば発生します。

　理由はいろいろありますが、工事管理日にあたってしまい出席できないという理由が一番多くみられます。そうした理由だと、経営者も仕事を優先せざるを得ないと考え、部門長の欠席を認めてしまいます。こうしたことがしばしば発生しますと、工事部門の担当者が毎回欠席する事態になり工事部門は経営改善計画の主要な部分を占めている場合が多いので、経営改善計画の進捗状況が確認できなくなります。

　そもそも、経営改善計画の進捗会議は、通常月1回程度しか実施しない場合が多いのであり、しかも事前に会議日を設定しているとすれば、欠席すること自体、経営改善計画で会社を立て直していくという意識が乏しいと言わざるを得ません。

　こうした事態の発生は、経営者が正していなければならないにもかかわらず放置しています。こうなると、経営改善計画は、停滞したり、止まったりしてしまいます。

　こうした事態を回避するため、人選をしっかり行う必要があります。人選の条件としては、**第1**に、各部門の責任者に相当する者であること、**第2**に、会議に前向きに発言する人であること、**第3**に、万一本人が出席でない場合には、代行者を出せる者であることがあげられます。

　コンサルティングで建設会社を訪問して、定期的に経営者と部門責任者を交えて経営改善会議を開催する機会があります。

　そうしたなかでも、工事が忙しいなどで部門責任者が欠席します。

　しかし、経営内容が良い会社ほど決められた会議には、きちんと全員出席しています。出席するから会社の業況が良くなるのではなく、こうした会議1つでもしっかり約束ごとを守る会社は、規律もしっかりしているし、その姿勢は仕事に現れるということです。

　成果につなげるためには、進捗会議の出席者に次のような心構えが必要です。

① 　出席者全員がやらされ感がない雰囲気を持っていること
② 　常に改善していくという意識を持って会議に参加していること
③ 　会議は絶対に欠席しないこと
④ 　やむを得ず会議を欠席する者は、会議の内容を理解しており、かつ部の代表として進捗状況を発表できる代行者を事前に準備しておくこと
⑤ 　会議では、自分が会社の幹部であることを認識した発言と態度をとること

2.　テーマ別の会議

　経営改善計画の進捗会議は、経営層と部門責任者で行っていますが、必要に応じてテーマ別に責任者を招集して進捗会議を開催しましょう。この会議は、特定のテーマを集中して解決する場合などに有効です。

◆ 会議と経営改善計画

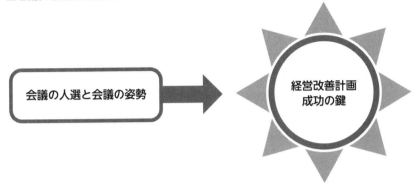

3 進捗会議の内容

▶経営改善計画の進捗会議は、実績の評価と改善策を必要とする

1. 進捗会議の内容

　進捗会議で検討する内容について説明します。進捗会議の内容は、次のようになります。

(1)　会議の出席者

　経営者（役員全員）、部門長、その他必要に応じて施策の責任者

(2)　開催日

　月初めの所定日とします。

(3)　開催内容

① 　外部環境、内部環境の説明

　　経営者は、自社を取り巻く外部環境が現在どのように変化しているかを説明していきます。また、自社の内部環境として、人、物、金、情報の状況について説明します。

② 　前月までの計数を報告

　　計数担当部門は、月次の目標利益計画の実績や月次の予算管理表の実績について報告します。あわせて、予算管理表にて、予算と実績の差異対策も報告します。

③ 　行動計画の実績報告

　　各部門長は、主要施策に基づいた月次の行動計画の実績や月次の行動計画管理表の計画、実行、検証、改善の状況について報告

をします。また、計画と実行の差異が改善策で有効に機能しているかもこの会議で検証します。

④　目標利益計画と行動計画の評価と指導

経営者は、目標利益計画の実績や行動計画の実績で今後の指導をしていきます。予算管理表や行動計画管理表がある場合は、当該表で今後の方向を指導します

⑤　問題点の提起

各部門長は、経営改善計画を推進している上での問題点を報告します。部門長から上げられた問題点を全員で検討し、当該内容の改善案を出していきます。

⑥　経営改善計画の総括

年度終了月には、経営改善計画の年度総括をします。計数担当部門は、目標利益計画について、成果と反省を報告します。また、各部門長は、行動計画について、成果と反省を報告します。最後に、経営者は、全体の総括として、成果と反省を作成します。

⑦　次年度の経営改善計画を作成

年度終了月に、次年度の経営改善計画を検討します。具体的には、次によります。

　A．目標利益計画に基づき月別目標利益計画を作成

　B．主要施策に基づき月別行動計画を作成

　C．予算管理表、行動計画管理表がある場合は作成

予算管理表を月別目標利益計画により作成し、行動計画管理表を月別行動計画により作成していきます。

◆ 進捗会議は、進捗管理の場

4 進捗会議のポイント

▶経営計画の進捗会議は、チェックポイントをはずさないこと

1. 進捗会議でココをみる

(1) 環境に問題はないか

　外部環境や内部環境が大きく変化し、当初経営改善計画を作成した時の状況と異なっているにもかかわらず、当初の経営改善計画をそのまま続けていないか

(2) 目標利益計画に問題はないか

　①　月別の目標利益計画の実績を1カ月以上遅れて記載していないか
　②　予算管理表の差額対策が記載されているか

(3) 行動計画の内容に問題はないか

　①　行動計画の責任者がすべて部門長の名前になっていたり、実際の責任者と異なったりしていないか
　②　行動計画は、具体的行動内容の計画についての計画線表があっても何も実施せず延期となり何も実施していないということはないか
　③　行動計画管理表では、計画と実行しか記載していないということはないか

(4) 次年度の経営改善計画に問題はないか

　前年度の経営改善計画の結果を考慮せず、次年度には当初作成した

経営改善計画にしたがって実施していないか

(5)　成果と反省に問題はないか

　目標利益計画、月別行動計画、年度の総括において、成果と反省の記載欄があるが、単なる結果報告となっていないか

(6)　経営者に問題はないか

　経営者は、経営改善計画を作成する時は参加するが進捗管理は部門長にまかせっきりになっていないか

(7)　部門長に問題はないか

　部門長は、経営改善計画にしたがって自部門で実施しなければならない主要施策があるにもかかわらず、部門長の判断で別の施策を実施していないか

(8)　進捗会議の進め方に問題はないか

　進捗会議が前月までの行動計画の進捗状況の単なる発表の場になっていて行動計画の結果に問題があっても、誰も指摘しないということはないか

� 進捗会議で経営改善計画をチェック

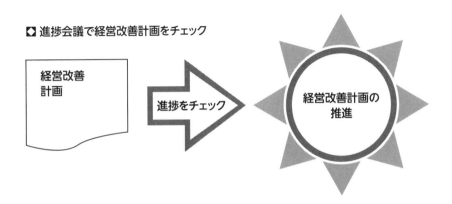

経営改善計画

進捗をチェック

経営改善計画の推進

5 年度総括

▶経営改善計画の年度の総括で成果を共有する

1. 年度総括

年度が終了した後の経営改善計画の年度総括について説明します。

(1) 目標利益計画の成果と反省

　売上、売上原価、売上総利益、一般管理費等、営業利益の計画を実績と比較して、どういう点が良かったかを成果として記載します。また、来年度はどういう点を見直していったら良いかを反省して記載します。例えば、売上の実績が計画よりも上がった場合は、具体的な上がった原因を調査して成果を記載します。一方、営業利益が実績が計画より下がった場合は、下がった原因を調査して今後とのように対処していくのかを反省します。また、予算管理表がある場合はそれも分析に加えます。

(2) 行動計画の成果と反省

　行動計画のなかで具体的行動内容を記載していますが、その内容が予定通り完了したのかどうかを記載していきます。もし、完了しなければ、今後どのようにしていくのかを記載していきます。
　また、行動計画管理表がある場合はそれも分析に加えます。

(3) 年度の総括（成果と反省）

　経営改善計画全体について、その成果と反省を記載していきます。具体的には、経営改善目標に対して、どの程度まで達成していったの

◪ 総括報告書の事例

○○年○月○日

経営改善計画　○年度総括報告書

○○株式会社

経営改善目標	売上高10億円、売上高経常利益率5%
経営方針	多能工化の推進、設備の更新、設備資金の調達

(単位：千円)

項　　目	計　　画	実　　績	差　　額
売上高	800,000	750,000	50,000
売上原価	640,000	600,000	40,000
売上総利益	160,000	150,000	10,000
一般管理費等	80,000	75,000	5,000
営業利益	80,000	75,000	5,000
営業外損益(支払利息等)	40,000	37,500	2,500
経常利益	40,000	37,500	2,500

全体の評価	業界全体の受注の落ち込みがあり、売上高は目標8億円に対し、7億5千万円と5千万円減少した。一方、売上高経常利益率は、予定通り確保することができた。
営業部門の施策の評価	昨年度より体制を一新し、積極的に新規顧客開拓を進めるとともに内製化できる製品の販売に努めた。
製造部門の施策の評価	仕入れのコストダウンを進めるとともに、生産性向上のために工程の短縮などを進め、生産コストを削減していった。
総務部門の施策の評価	主要経費に目標を設定し経費削減を進めた。また、人材教育の年間計画を策定し、OJT、OFF-JTを実施した。

か。目標利益計画は、どうであったのか。年間の主要施策は達成できたのかを記載していきます。そして、その年度に達成できなかったものがあった場合は、その原因を調査し、次年度どのように対処していくかを記載していきます。

⑷　総括報告書

　年度の経営改善計画の総括として、別途「総括報告書」を作成します。該当年度の目標利益計画の結果を記載するとともに、年度の経営改善計画全体の実績評価、各部門別の実績評価をしていきます。また、3年間の経営改善計画が終了した場合は、3年間の総括もこの表で行います。3年目の総括表は、経営改善目標が達成できたのかをしっかり検証します。もし、達成できないとすればどこに問題があったのかを評価していきます。

6 計画と実績の差を どうするか

▶計画と実績の差がある場合は
その内容を十分検討する

1. 計画を実績が上回る

計画を実績が上回って推移していた場合の対応について説明します。

第1は、年度目標利益計画の計画を上回る実績です。

(1) 売上高の計画を上回る実績

主要施策、行動計画、行動計画管理表、主要施策以外の各部門で実施した内容のどこが良かったのかを検討します。そして、自社の目標が元々小さかった場合は、次年度の目標を上方修正します。一方、特殊な原因が発生している場合は、現状のままの目標とします。

(2) 営業利益の計画を上回る実績

売上高、売上原価、一般管理費等のどこが良かったのか検討します。次に、主要施策、行動計画、行動計画管理表、主要施策以外の各部門で実施した内容のどこが良かったのか検討します。そして、次年度の目標を上方修正します。

第2は、月別目標利益計画の計画を上回る実績です。

(1) 月別の売上高の計画を上回る実績

月別の売上の内容及び主要施策、行動計画、行動計画管理表、主要施策以外の各部門で実施した内容のどこが良かったのか検討し、月の

売上高を見直しします。

⑵　月別の営業利益の計画を上回る実績

　月別の目標利益計画や予算管理表でどの科目が良かったのか検討します。次に、良かった科目について、主要施策、行動計画、行動計画管理表、主要施策以外の各部門で実施した内容どこが良かったか検討し、月の営業利益を見直します。

　第3は、主要施策の達成目標を上回る実績です。行動計画の具体的行動内容や行動計画管理表の計画内容のどこが良かったのか検討し、次年度の主要施策を見直します。

　第4は、行動計画の計画を上回る実績です。
　行動計画の具体的行動内容や行動計画管理表の計画内容にどこが良かったかを検討し、月の行動計画を見直します。

2. 計画を実績が下回る

第1は、年度目標利益計画の計画を下回る実績です。

⑴　売上高の計画を下回る実績

　主要施策、行動計画、行動計画管理表、主要施策以外の各部門で実施した内容に問題がないか検討し、改善策を実施します。

⑵　営業利益の計画を下回る実績

　売上高、売上原価、一般管理費等のどこに問題があるのか検討します。次に、主要施策、行動計画、行動計画管理表、主要施策以外の各部門で実施した内容に問題がないか検討し、改善策を実施します。

第2は、月別目標利益計画の計画を下回る実績です。

(1)　月別の売上高の計画を下回る実績

月別の売上の内容及び主要施策、行動計画、行動計画管理表、主要施策以外の各部門で実施した内容に問題がないか検討し、改善策を実施します。

(2)　月別の営業利益の計画を下回る実績

月別の目標利益計画や予算管理表でどの科目が問題なのか検討します。次に、問題になった科目について、主要施策、行動計画、行動計画管理表、主要施策以外の各部門で実施した内容に問題がないか検討し、改善策を実施します。

第3は、主要施策の達成目標を下回る実績です。

主要施策に適した行動計画であるかを検討します。行動計画自体が主要施策で求めているレベルを下回ったり、その行動計画を実行しても主要施策に達成につながらないものであれば検討し、改善策を実施します。

第4は、行動計画の計画を下回る実績です。

行動計画の具体的行動内容や行動計画管理表の計画内容に問題がないか検討し、改善策を実施します。また、行動計画の改善策が有効に機能していない場合もありますので検討し、改善策を実施します。

7 経営改善計画の2年目

▶前年度の問題の見直しとともに2年目の施策を実施する

1. 前年度から継続するもの

　意義、経営理念、経営ビジョンは、前年度を継続します。また、経営改善目標は、前年度の経営改善計画の結果が経営改善目標に影響を及ぼすことがないかぎりそのまま継続します。

2. 新年度に新規作成するもの

(1) 外部環境と内部環境

　本年度の外部環境の機会、脅威を前年度の外部環境を基にもう一度外部環境が変化していないか見直して作成します。

　また、内部環境の強み、弱みについても、前年度の強み、弱みを基に内部環境が変化していないか見直して作成します。

(2) 経営方針

　人、物、金、情報について、前年度の経営改善計画の結果を基に、今年度の経営方針を作成します。

(3) 目標利益計画

① 年度目標利益計画

　原則として、当初計画している数値とします。ただし、前年度の結果が計画を下回った場合は、残りの年度でどう補っていくか

を検討し、目標利益計画の見直しをします。一方、前年度の目標
利益計画の結果が計画を上回った場合は、当初計画を上方修正し
ます。

② 月別目標利益計画と予算管理表

年度の目標利益計画を基に、月別目標利益計画と予算管理表を
作成します。

⑷　主要施策

当初計画している主要施策を記載します。ただし、前年度の目標利
益計画の結果が計画を下回った場合は、主要施策の見直しをします。

一方、前年度の目標利益計画の結果が計画を上回った場合は、当初
設定した主要施策を踏襲します。

⑸　行動計画

① 具体的行動内容

主要施策を達成するために、具体的な行動内容を作成し、月別
の計画線表を作成します。

ただし、前年度の行動内容の結果が計画を下回った場合は、ど
ういう点に問題があったのか反省し、さらに継続して計画を実施
する場合は、行動内容の見直しをします。一方、前年度の行動内
容の結果が計画を上回った場合は、主要施策に対応した新たな行
動内容を設定し推進していきます。

② 行動計画管理表

具体的施策を基に、月別に実施すべき内容を計画します。ただ
し、前年度の行動計画の結果が計画を下回った場合は、計画でど
ういう点に問題があったのかを反省し、さらに継続して計画を実
施する場合は、計画の見直しをします。計画の良し悪しが結果に
つながりますので、前年度の行動計画の内容をしっかり検証しま
しょう。一方、前年度の行動計画の結果が計画を上回った場合は、

　前年度の行動計画のどういう点が良かったのかを検証し、今後の
行動計画に役立たせます。

8 最終年度の経営改善計画の作成ポイント

▶集大成として当初の経営改善計画の
計画達成を目指して行動する

1. 前年度から継続するもの

　意義、経営理念、経営ビジョン、経営改善目標は、前年度を継続します。前述の4つは、基本的なことなので最終年度では変更しません。

2. 最終年度に作成するもの

(1)　外部環境と内部環境

　2年目と同様に、外部環境の機会、脅威を前年度の外部環境を基にもう一度外部環境が変化していないか見直して作成します。また、内部環境の強み、弱みについても、前年度の強み、弱みを基に内部環境が変化していないか見直して作成します。

(2)　経営方針

　人、物、金、情報について、前年度の経営計画の結果を基に、今年度の経営方針を作成します。

(3)　目標利益計画

　①　年度目標利益計画
　　　原則として、当初計画している数値とします。
　　　ただし、過去2カ年の結果が計画を下回った場合は、最終年度

でどう補っていくかを検討し、目標利益計画の見直しをします。ただし、最終年度のため、補いきれない計数である場合は、達成可能な計数とします。一方、前年度の目標利益計画の結果が計画を大きく上回った場合は、当初計画を上方修正します。

② 月別目標利益計画と予算管理表

年度の目標利益計画を基に、月別目標利益計画や予算管理表を作成します。

⑷　主要施策

原則として、当初計画している施策を記載します。

ただし、過去2カ年の目標利益計画の結果が計画を下回った場合は、施策の見直しをします。一方、前年度の目標利益計画の結果が計画を上回った場合は、当初設定した主要施策を踏襲します。

⑸　行動計画

① 具体的行動内容

主要施策を達成するために、具体的な行動内容を作成、月別の計画線表を作成します。

ただし、前年度の行動内容の結果が計画を下回った場合は、2年目と同様にどういう点に問題があったのかを反省し、さらに継続して計画を実施する場合は、行動内容の見直しをします。一方、前年度の行動内容の結果が計画を上回った場合は、主要施策に対応した新たな行動内容を設定し推進していきます。

② 行動計画管理表

具体的施策を基に、月別に実施すべき内容を計画します。ただし、前年度の行動計画の結果が計画を下回った場合は、2年目と同様に計画でどういう点に問題があったのかを反省し、さらに継続して計画を実施する場合は、計画の見直しをします。

一方、前年度の行動計画の結果が計画を上回った場合は、前年

度の行動計画のどういう点が良かったのかを検証し、今後の行動
計画に役立たせます。

第10章

経営改善に伴う
金融機関との対応

1 取引金融機関への報告とモニタリング

▶金融機関支援の要請で作成した
経営改善計画の報告とモニタリング

1. 経営改善計画のモニタリング

　金融機関の要請で作成した経営改善計画は、定期的にモニタリングが行われます。

　金融機関は、経営改善計画のスケジュール通り進み、経営改善目標通りに進んでいるかを検証します。

2. 金融機関のモニタリングの内容

金融機関に次の報告をしていきます。

(1)　前月までの計数を報告

　月次の目標利益計画の実績や月次の予算管理表の実績について報告します。あわせて、予算管理表にて、予算と実績の差異対策も報告します。

　また、計画と実行に差異にある場合は、改善策について報告します。

(2)　行動計画の実績報告

　主要施策に基づいた月次の行動計画の実績や月次の行動計画管理表の計画、実行、検証、改善の状況について報告をします。

　また、計画と実行に差異がある場合は、改善策について報告します。

(3)　問題点の提起

　経営改善計画を推進している上での問題点があれば、その改善案を

報告します。

⑷　経営改善計画の総括

　年度終了月には、経営改善計画の年度総括をします。目標利益計画について、成果と反省を報告します。また、行動計画について、成果と反省を報告します。最後に、全体の総括として、成果と反省を報告します。

3.　経営改善計画の修正

　外部環境や内部環境が著しく変化して、当初作成した経営改善計画が現状に合わなくなる場合があります。現状に合わないまま経営改善計画を進めても経営改善目標の達成はできませんので経営改善計画の修正を検討していきます。

4.　金融機関の取り扱い

　金融機関では、経営改善計画にしたがって、予定通り実行し、成果が出ているかを毎月あるいは、四半期ごとに検証します。

　もし、進捗状況に問題があれば、理由をヒアリングし、改善先に見直しを要望します。

◆ 営業店のモニタリング活動報告書例

項　目	内　容	実行状況	問題点
改善策			
改善策			
改善策			
経営者との話し合い			
改善状況の支店の意見			
今後の支店の方針			
本部の方針			

第11章

経営改善計画の
浸透・定着を図る

1 経営改善計画を社内に "見える化"していく

▶経営改善計画の中身や進捗状況が 社員にわかるようにする

1. 経営改善計画の見える化とは

経営改善計画は、作成した後実行に移していきますが、その実行状況は、経営改善計画のメンバーは理解しているもののそれ以外の社員には担当業務以外はわかりません。このため、経営改善計画の実行に関わらない社員は経営改善計画の認識が薄れてきます。こうしたことにならないために「経営改善計画の見える化」をしていきます。

2. 社報に掲載

社報に経営改善計画と内容とその進捗状況を掲載します。社報は、中小企業の場合は発行している企業はまだそんなに多くはありません。しかし、社報は、社内の情報共有、会社方針の伝達、社員のきずな作りに効果があります。

社報に経営改善計画を掲載することは、経営改善計画の情報を共有することになり、社員全員が経営改善計画の進捗状況を身近に知ることができます。

3. 社内に掲示

経営改善計画の主要な部分を会議室や事務所に掲示します。これにより、社員は、常に目にするようになり、経営改善計画を意識することになります。

経営改善計画の掲示の事例

経営改善計画

1．経営理念

地域と共生

2．経営ビジョン

○○地域ナンバーワンを目指す

3．経営改善目標

売上高23億円

4．ダイジェスト版の配布

経営改善計画のダイジェスト版を作成し、紙ベースで全員に配布して常時携帯するようにして、経営改善計画の存在を意識するようにします。

◆ ダイジェスト版の事例

（ダイジェスト版）

○○年度　○○社　経営改善計画

5. 行動計画のPDCAを掲示

　行動計画管理表の PDCA の進捗状況を所属部署ごとに掲示してい
きます。所属部門に行動計画の進捗状況を毎月掲示することにより、
目標通り自部門の経営改善計画が進んでいるかを常に確認します。

◘ 行動計画管理表の事例

責任者	○○		期限	○年○月	指標・目標	材料単価10%削減
項目	日　程			○月	○月	○月
	指標・目標			材料単価10%削減	材料単価10%削減	材料単価10%削減
仕入材料費の10％削減	計　画			主要材料の新たな仕入先を開拓し、複数見積りでコスト削減する。	主要材料の新たな仕入先を開拓し、複数見積りでコスト削減する。	主要材料の新たな仕入先を開拓し、複数見積りでコスト削減する。
	実　行			新たな仕入先を3社以上開拓し見積りを実施した。		
	検　証	目標結果		主要材料の単価が5%削減。		
				複数見積りにより、事務消耗品の単価が削減した。		
	改　善			さらに主要材料の新規仕入先を開拓する。		

（注）指標：重要業績評価指標の略称表示、目標：目標数値の略称表示

6. 全員のコミットメントを掲示

　社員全員が、行動計画に対応した個人の目標を所属部署に掲示しま
す。自分の目標を掲示することにより、常に自分目標を意識し目標を
達成する意欲がわきます。

◘ コミットメントの事例

○年度　コミットメント

営業担当　山田　太郎

1．売上高1億円を必ず達成する

2．新規顧客12社開拓する

2 社員面接で経営改善計画を浸透させる

▶経営者から社員に面接で直接
経営改善計画の内容や進捗を説明する

1．経営改善計画の停滞

　経営改善計画を作成し、実際に経営改善を推進していくなかで経営改善計画が思うように進まずに停滞しているケースがあります。

　主要施策を行動計画で実施していてもなかなか成果が出ず、目標利益計画で掲げた計画が未達になっています。

　そうしたことの原因で最も大きなものに経営者の思いが社員に伝わっていないということがあります。

　もちろん、経営改善計画ができた段階で、経営改善計画発表会の場で全社員に周知しますが、発表会というのは、どうしても一方的なものになりがちです。

　経営改善計画に携わった幹部社員は、経営ビジョンや経営改善目標の中味を十分理解していますがそれ以外の社員は、それぞれの上長から伝えてもらうことになります。こうなると伝言ゲームのようになり、最初にいった言葉の真意がすべての社員までは十分に伝わりません。

　そこで、こうしたことを解消するために、経営者による社員面接をおすすめしています。

　社員面接を取り入れていただくことにより、経営改善計画をしっかり浸透させていくとともに成果に結び付けていくことができます。

　社員面接の取り組みについて、具体的に説明していきます。

2．社員面接の方法

(1)　面接開催日

原則として、年2回、1人1時間程度実施します。

(2)　実施方法

社員のスケジュールを調整の上、社員の規模にもよりますが、面接実施月に集中して全社員実施します。

面接は、原則社長が実施しますが、組織が大きい場合には社長に代わり社長以外の役員も社員面接を実施します。

また、賞与支給がある企業の場合は、賞与支給前に社員面接を組み込むことで、面接による人事考課としても利用することができます。

3．社員面接の進め方

社員面接は、次のように進めていきます。

(1)　ねぎらい

社員は、日頃経営者と話すことが少ないため、緊張しているので、まずは、日頃の仕事に対してねぎらいの言葉をかけます。

(2)　面接の目的を確認

何のために面接するのかを伝えます。

面接の目的は、主に次の3つになります。

①　経営改善計画の内容を理解しているかどうかの確認

②　経営改善計画の進捗度合いの確認

③　社員とのコミュニケーション

⑶　本題

　社員面接シートを基準に経営者から質問をしていきます。なお、人事考課の面接も兼ねているのであれば、会社の実情に合わせ人事考課要素も加えた面接シートを作成してください。

⑷　終わり

　今日の面接で経営者から伝えた内容ならびに社員が言った内容を再度確認します。

4.　面接シート

　基本的な社員面接シートは、別紙のようになりますが会社の実情を勘案して作成してください。

⑴　社員面接の効果

　① 　経営改善計画が社員に浸透できる

　　経営改善計画について、経営ビジョンや経営改善目標などを経営者からダイレクトに説明することで、その内容をしっかり理解してもらえます。

　② 　社員全員の経営改善計画の進捗状況を管理ができる

　　経営改善計画で掲げたことがどこまで進んでいるのか社員全員について検証することができます。もし、滞っていることがあれば何が問題になっているのかを確認し、改善していきます。

　③ 　社員の仕事の状況が理解できる

　　仕事の進捗内容を知ることで一人ひとりの仕事の状況が理解できます。また、仕事の進捗上で問題があれば、経営者は、上長も入れて解決していくことができます。

　④ 　コミュニケーションが図れる

　経営者と社員は、普段なかなか直接話す機会がありません。こうした場で経営者と社員が直接話をすることでお互いの考えを知り理解することができコミュニケーションを深めるとともに信頼関係も深まります。

⑤　社員の情報収集と支援ができる

　仕事上のことはもちろん、健康面、家庭面のことなどを聞くことができます。また、社員の抱えている問題も把握することができますので、会社として、内容によっては支援できます。

(2)　社員面接の注意点

①　押しつけない

　経営者という立場から、こうだろうとか、こうした方が良いとか相手の意見を聞かずに自分の意見を押し付けてしまわないようにしましょう。

②　話を聞く

　とにかく、相手の話をじっくり聞き、できれば自分の意見は、全体の３分の１ぐらいにしましょう。社員が考えていることを引き出すのが目的なので、自分から饒舌にしゃべりすぎないことが大切です。

③　雰囲気作り

　経営者のタイプにもよりますが、社員が話やすい雰囲気にしてください。また、笑顔で接するようにしましょう。良い雰囲気だと社員も話したいという気持ちになります。

④　否定しない

　質問の答えによっては、経営者の気に入らないことが出てくるかもしれません。しかし、いきなり否定すると以後話をしなくなります。その場で否定せず、まず話を聞きましょう。

◪ 社員面接シートの事例

面接日　　　年　月　日

社員面接シート（○年度○半期）

社員名＿＿＿＿＿＿＿＿

（経営改善計画の確認と浸透）
1．経営改善計画の目的とは何ですか

2．経営ビジョン、経営改善目標、施策はどこまで理解していますか

3．部内の行動計画は、どの程度進んでいますか

（経営改善計画における自分の活動、成果、問題点の確認）
4．経営改善計画において、自分の活動内容はどのようなことですか

5．経営改善計画において、活動した結果どのような成果がありましたか

6．経営改善計画を進めている上で、問題となっていることは何ですか

7．経営改善計画を進めている上で、どのような意見がありますか

（日常業務の状況）
8．日常業務をする上で、どのような障害がありますか

9．所属部内は、自分の業務に対してどのような協力がありますか

10．会社に対して、どのような要望がありますか

11．会社は、何を改善したらさらに良くなると思いますか

12．社員間のコミュニケーションにどのような問題がありますか

13．部下は、どのように育成していますか（部下がある場合）

（自分の将来）
14．今後自分のキャリアアップは、どのようにしたいですか

15．キャリアアップのために会社にどのようなことを望みますか

（仕事以外）
16．健康面、家庭面、金銭面などは、どのような状況ですか

3 経営改善計画の定着

▶経営改善計画で経営していることを 常に意識できるシステムにする

1. 経営改善計画の意識作り

　経営改善計画を経営者が中心になって進めていくとはいうものの、経営改善計画は長期間に及ぶため、最初の高い意識が続かず、少しずつ経営改善計画に対する気持ちが低下していく場合があります。こうしたことを防ぐために経営改善計画が定着するための方法を講じる必要があります。

2. 経営改善計画の社内規定を作る

　いろいろな会社の経営改善計画をみていますと、経営改善計画を全社ベースで進めているものの、社内規定として制定しているケースはあまりみられません。しかし、仕事の一環として継続して実施していくものとしてみると規定として制定することが望ましいと考えます。規定化することにより、経営改善計画が制度化するとともに、常に一定の手順にしたがって進めていくことができます。

(1) 経営改善計画の規定の作り方

　経営改善計画を規定として制定する場合、会社によって規定の作り方に特徴があると思いますが、作成する項目は原則として次のようになります。

＜経営改善計画の規定の項目＞

① 目的
② 経営改善計画の期間
③ 経営改善計画の構成
④ 経営改善計画委員会
⑤ 経営改善計画委員会の機能
⑥ 経営改善計画の責任者
⑦ 経営改善計画の作成手順
⑧ 経営改善計画の実行
⑨ 経営改善計画の進捗管理
⑩ 定期監査

◘ 経営改善計画規定の事例

経営改善計画規定

（目的）
第1条　この規定は、経営改善計画を作成し、実行していくための手続きを定めている。
（経営改善計画の期間）
第2条　経営改善計画の実施期間のサイクルは、原則として3年とする。
（経営改善計画の構成）
第3条　経営計画の構成は、次による。
　　　① 意義
　　　② 経営理念
　　　③ 経営ビジョン
　　　④ 外部環境
　　　⑤ 内部環境
　　　⑥ 経営改善目標（3カ年の目標）
　　　⑦ 経営方針
　　　⑧ 目標利益計画（3カ年の利益計画）
　　　⑨ 月別目標利益計画
　　　⑩ 主要施策（3カ年の施策）
　　　⑪ 行動計画
（経営改善計画委員会）
第4条　経営改善計画の作成及び進捗管理をするにあたって、経営改善計画委

　　　　　員会を設置する。
　　2．経営改善計画委員会の構成は、次の通りとする。
　　①　委員長は、社長があたる。
　　②　委員は、原則として社長以外の経営者並びに部門長とする。
　　③　経営改善計画委員会の中に事務局を置き、総務部が担当する。
（経営改善計画委員会の機能）
第5条　経営改善計画委員会の機能は、次の通りとする。
　　①　委員長は、経営改善計画について最終決定を行う。
　　②　委員は、経営改善計画の作成、変更、年次総括報告書の作成を行う。
　　　　また、行動計画の進捗報告と行動計画の内容の検討を行う。
　　③　事務局は、経営改善計画委員会の取りまとめを行う。また、会議の
　　　　開催・召集、会議議事録の作成を行う。
（経営改善計画の責任者）
第6条　社長は、経営改善計画の総括責任者とする。
　　2．部門長は、経営改善計画の実行責任者とする。
（経営改善計画の作成手順）
第7条　委員長は、各委員とともに、経営改善計画委員会を開催し、経営改善
　　　　計画の構成にしたがって経営改善計画の作成を行う。
（経営改善計画の実行）
第8条　経営改善計画の実行責任者は、経営改善計画を実行する。
（経営改善計画の進捗管理）
第9条　経営改善計画委員会は、目標利益計画及び行動計画の進捗報告に基づ
　　　　き、経営計画の進捗管理を行う。
　　2．経営改善計画委員会は、目標利益計画の差異、行動計画の差異を検討
　　　　し対策を講じる。
　　3．経営改善計画委員会は、経営改善計画の変更が必要と認めた場合は変
　　　　更を行う。
　　4．経営改善計画委員会は、年度終了後に総括報告書を作成する。
（定期監査）
第10条　経営改善計画委員会は、経営改善計画の浸透と定着を図るために定期
　　　　監査を実施する。
　　2．定期監査は、経営改善計画の定期監査手順書にしたがって実施する。
（改廃）
第11条　この規定の改廃は、経営改善計画委員会が起案して、決議する。

　　　　　　　　　　　　　　付則
　この規定は、○○年○月○日より実施する。

3.　経営改善計画の定期監査

　作成した経営改善計画は、経営改善計画の進捗会議を通じて管理しています。しかし、進捗会議のメンバーは原則として経営者と部門長であり、それ以外の社員にどこまで浸透しているかの現況を把握することはできません。たとえ、特定の部署に何か問題が生じていたとしても進捗会議ではなかなか顕在化しない場合もあります。そうしたことを解消するために、経営改善計画の定期監査を実施します。

　定期監査の手順は、次の手順書によります。

4.　人事考課に経営改善計画を組み込む

　経営改善計画については、全社ベースで実施しており社員全員が経営計画にしたがって行動しています。このため、人事考課制度に組み入れたいと思います。具体的には、賞与査定の人事考課表に経営計画の成果を考課項目に入れます。また、目標管理制度を導入している場合には、個人ごとに目標の1つに経営改善計画に基づく個人目標を入れます。

◀ 経営改善計画の定期監査手順書の事例

経営改善計画の定期監査手順書

1．定期監査の目的
　　定期監査の目的は、次の事項を検証するために行う。
　　① 経営改善計画を社員が理解して行動していること
　　② 経営改善計画の行動計画が予定通り進んでいること
2．定期監査の時期
　　定期監査は、四半期ごとに1回、部門ごとに監査を行う。
3．定期監査員の選定
　　経営改善計画委員会で選定する。
　　ただし、自ら担当する部門は監査しない。
4．定期監査チェックリストの作成
　　定期監査でチェックするためにチェックリストを作成する。
　　別紙「経営改善計画の定期監査チェックリスト」参照
5．定期監査の実施
　　① 監査担当者は、被監査部門に対して監査を実施
　　② 定期監査チェックリストで被監査部門の評価
　　③ 各チェック項目を採点するととともに問題点を記載
　　④ 問題点で是正が必要なものは、是正の指摘を記載
6．是正処置の実施
　　被監査部門は、経営改善計画の定期監査チェックリストで是正の指摘が
　　あった内容は、是正処置を記載し是正を実施し是正実施日を記載する。
7．記録の管理
　　是正が完了した定期監査チェックリストは、総務部が管理する。

◖ 経営改善計画の定期監査チェックリストの事例

定期監査チェックリスト		部門名:					
		監査者:					
		監査日:		年		月	日

No 1	点　検　項　目	採　点					問題点
		良い	やや良い	普通	やや悪い	悪い	
		4	3	2	1	0	
1	経営改善計画の目的は何か						
2	経営理念は何か						
3	経営ビジョンは何か						
4	外部環境には何があるか						
5	外部環境で脅威は何か						
6	外部環境でチャンスは何か						
7	内部環境には何があるか						
8	内部環境として強みは何か						
9	内部環境で弱みは何か						
10	経営改善目標は何か						
11	経営方針は何か						
12	目標利益計画はどのような計数か						
13	月別目標利益計画はどのような計数か						
14	全社の主要施策にはどのようなものがあるか						
15	全社の行動計画にはどのようなものがあるか						
16	部門の主要施策にはどのようなものがあるか						
17	部門の行動計画にはどのようなものがあるか						
18	部門の行動計画の計画通り進んでいるか						
19	部門の行動計画の重要業績評価指標には何があるか						
20	部門の行動計画の重要業績評価指標の目標数値は何か						
21	部門の行動計画は重要業績評価指標の目標数値どおりか						
22	部門の行動計画の改善策は作成しているか						
23	部門の行動計画は個人目標にどのように反映しているか						
24	個人は経営改善計画のダイジェスト版を所持しているか						
25	部門長から進捗会議の状況をどのように聞いているか						

合計点	
是　正　の　指　摘	是　正　処　置 / 是正実施日

第12章

経営改善計画で
経営改善した企業

1 建設業の事例

▶A社は、建設業で、実行予算管理を中心として経営を改善

1. 現況

A社は、創業70年以上と市内では歴史ある建設会社です。売上高は16億円、社員は30名です。

売上高のうち、公共工事が7割を占めて、あとは民間工事です。また、工事の内訳は、建築工事と土木工事がほぼ50%です。

外部環境としては、近年、公共工事が減少するとともに、同業者間の競争が激化しています。こうした背景のなか、当社は、工事利益が減少傾向にあります。

2. 業績低下の原因

① 建築工事で採算が厳しい工事にもかかわらず、担当営業が安易に受注してしまうことがある。

② 工事部は、実行予算書なしで工事管理をすることがあり、そうした工事は、受注金額を上回る支出になったりしている。

③ 材料費の購入が現場代理人まかせで、予算を超えるものもある。

④ 工事管理が外注先まかせになり、作業日程が増加したりして外注費の増加につながっている。

3．経営改善計画の主要部分

経営ビジョン	市内建設業でナンバーワンを目指す
経営改善目標	売上高16億円と工事利益率15%を確保する
主要施策	営業部門…民間営業を増やし、売上を拡大する
	工事部門…実行予算管理を徹底していく
	材料費、外注費の10%コストダウン
	経理部門…材料費の本部集中管理を行う

4．改善策

(1)　工事の受注と管理の見直し

① 　赤字工事の受注はしない

　　工事の実行予算で赤字が認められる工事は原則受注しないことにしました。従来、資金繰りのために、赤字予定の工事でも受注していましたが、結局赤字で受注した工事は、社内でコストダウンなどしてもなかなか黒字にはなりませんでした。このため、赤字見込みの工事は受注をしない方針を打ち出しました。

② 　実行予算書なしの受注廃止

　　緊急性のある工事などで実行予算書なしで受注して工事に着手している場合がありました。こうした場合は、予算が後付なので予想外の費用がかかり赤字工事になることがありましたので緊急性のいかんにかかわらず実行予算書を作成して受注に臨むことにしました。

③ 　工事着工前会議の徹底

　　工事着工前会議において、工事のＶＥ（Value Engineering：価値工学）などをさらに検討し、コストダウンを進めました。

（注）　建設のVEでは、素材などの品質や機能を落とすことなくコストダウンを実現する方法です。具体的には、素材の代替案の検討などを行います。

④　実行予算管理一覧表の作成と管理

実行予算管理一覧表を作成して、毎月の工事進捗状況の管理と支払資金の管理をするようにしました。そうした管理において、コストダウンの検討会も並行して行い工事期間中のコストダウンを進めました。

(2)　資材管理によるコストダウン

①　資材購入の本部集中

従来、工事ごとに現場代理人が直接購入していましたが、本部で一括購入することにしました。

②　資材購入先の選定

優良な資材購入先を選定するために、「資材購入先・外注先評価表を作成し、資材購入先を点数評価して優良先を選定しました。

③　資材購入価格

資材の単価については、自社で標準単価を設定しておき、指値、協議あるいは複数見積りなどにより決定しました。

④　納期管理

納期手続きを制定して、納期管理を徹底しました。

⑤　品質管理

資材購入先の品質調査の審査を実施するとともに、不良品については、再発防止策をとりました。

⑥　在庫管理

在庫を必要以上に持つと資金効率などに影響しますので、適正在庫の把握、調達時間の短縮、陳腐化の防止を進めました。

⑦　資材購入先の開拓と育成

常に新たな先の開拓を進めるとともに、既存資材購入先に対して、作業の標準化、品質管理、納期管理の指導育成をしていきました。

◪ 資材購入先・外注先評価表の事例

1．品質（各項目5点満点）	
①　品質第一の考えが浸透しているか	☐
②　品質保証システムができているか	☐
③　不良品再発防止システムができているか	☐
2．コスト（各項目5点満点）	
①　当社の要求コストに対応できるか	☐
②　コストの明細が明確になっているか	☐
③　コストダウンのための改善活動をしているか	☐
3．納期（各項目5点満点）	
①　当社の指定した納期に対応できるか	☐
②　イレギュラーの納期に対応できるか	☐
③　納期遅れに対応する体制はできているか	☐
4．技術・技能（各項目5点満点）	
①　高い技術もしくは技能があるか	☐
②　当社の要求にあった機械や設備はあるか	☐
③　機械や設備を使う技術者や技能者がいるか	☐
5．‥‥‥‥‥‥‥‥	

⑶　外注管理によるコストダウン

① 　内外作の基準を作る

　　内作の場合の基準と外作の場合の基準を作成し、安易に外注しないようにしました。

② 　外注先の選定

　　優良な外注先を選定するために、「資材購入先・外注先評価表」を作成し、外注先を点数評価して優良先を選定しました。

③ 　外注先の価格

　　外注内容に応じて、選定した数社から見積りをとり、内容の正確性、妥当性、価格を評価しました。自社で外注見積もり技術を磨き、価格の妥当性を高めることが重要です。

④ 　納期管理

　　納期を順守するために当社の職務分担や責任を明確にしました。また、仕事の命令、報告ルートを一本化していきました。

⑤　品質管理

　　外注先の品質調査の審査を実施するとともに、不良部分については、再発防止策をとりました。

⑥　外注先の開拓と育成

　　常に新たな先の開拓を進めるとともに、既存資材購入先に対して、作業の標準化、品質管理、納期管理の指導育成をしていきました。

5．改善結果

(1)　工事管理の見直しによる改善

　売上高純利益率は、72期6.3％でしたが、73期には、7.4％になり1.1ポイント改善しました。

◆ A社の2期比較の損益計算書（売上純利益まで）

第72期　損益計算書　　（単位：千円）

売上高		1,600,000
売上原価		1,500,000
	材料費	217,000
	外注費	1,116,000
	その他	167,000
売上総利益		100,000

第73期　損益計算書　　（単位：千円）

売上高		1,350,000
売上原価		1,250,000
	材料費	175,000
	外注費	869,000
	その他	206,000
売上総利益		100,000

(2)　材料費の削減

　当社では、売上高に対する材料費比率は、72期13.6％でしたが、73期には13.0％になり、0.6ポイント削減しました。

(3)　外注費の削減

　当社では、売上高に対する外注費比率は、72期69.8％でしたが、73期には64.4％になり、5.4ポイント削減しました。

6.　今回の経営改善のポイント

　建設業の例では、老舗企業であっても、ただ漫然と経営していると
いつの間にか業績悪化してしまうことがみえます。そうした事態にな
らないためにも、経営改善計画を作成することが大切です。経営改善
計画を作成することで、業績低下の原因をつかむとともに、全社員も
こうした問題点を共有できます。

　この建設業では、新たに経営改善計画を作成するなかで、業績低下
に対する対策を明確に打ち出して、それを進めていきました。

　業績低下の主な原因は、

①　不採算工事の受注

②　予算管理の工事による赤字

③　工事に対応した材料の購入ができない

④　外注まかせ

経営改善計画では、この対策として、次の手を講じています。

①　赤字工事は受注しない

②　予算書による工事管理

③　コストダウンの検討

④　資材の本部集中管理

⑤　外注管理の徹底

　この施策を着実に実行していくことにより、材料や外注費用が削減
されました。また、赤字工事はなくなり、財務の健全化が図られまし
た。

2 クリーニング業の事例

▶B社は、クリーニングで、新市場参入で経営を改善しました

1．現況

　B社は、創業30年以上で市内では2店舗のクリーニング店を経営しています。売上高は8千万円、社員はパートを含め10名です。

　売上高の内訳は、店舗に持参する個人の洗濯物が主となっています。

　外部環境としては、競合他社も多く、価格競争になっています。このため、利益も減少傾向にあります。また、クリーニング工場等労働集約産業のため、労働力の確保と人件費の上昇により、コストが上昇しています。

2．業績低下の原因

① 　クリーニングの競合他社が増加傾向にあり、価格競争が生じており、クリーニング代が低下傾向にあります。

② 　労働集約産業ですが、労働者がなかなか集まりません。一方、労務費は増加傾向にあり、利益に直接圧迫してきています。

③ 　現在、営業担当を置き、特定企業の仕事着のクリーニングの受注の請負を始めていますが、まだ、本格的には稼働していません。

④ 　人材育成ができないため、工場の生産性が上がらないと同時に定着せず、短期で退職してしまうことが多くなっています。

3. 経営改善計画の主要部分

経営ビジョン	市内の特定クリーニング業でナンバーワンを目指す
経営改善目標	売上高1億円、営業利益率10%を確保する
	介護福祉施設、病院のクリーニング受託に参入する
主要施策	営業部門…企業専任営業を採用し、売上を拡大する
	工場部門…クリーニングの工程システムを改善していく
	売上原価の10%コストダウン
	総務部門…人材育成を行う

4. 改善策

⑴ 企業専任営業を採用し、売上を拡大

　新規に介護施設、病院のクリーニングに参入していくために企業専任の営業を採用しました。そして、経営者とともに、営業地域を振り分け、営業を開始しました。

　当社は、営業に関する仕組みがありませんでしたので、営業日報と企業向けの顧客台帳、顧客アプローチリストを作ることにしました。

① 営業日報

　　営業日報により、各営業担当はそれぞれ営業活動終了後に、訪問先、目的、商談内容、月や日々の目標に対する成果などを記載します。そして、記載が完了したら社長に提出して営業指導を受けます。

② 顧客台帳

　　顧客台帳は、取引先情報を作成し管理していくものです。

　　顧客台帳には、取引先の売上規模や社員数などの基礎情報、取引先評価情報、取組方針、訪問記録などを記載します。

◆ 営業日報例

時間	訪問先	訪問相手	訪問目的	商談状況	商談結果
10:00	○病院	山崎部長	システムの紹介	クリーニングのシステムの紹介	システムを理解いただいた。
11:00	○介護施設	長谷課長	契約に向けて継続訪問	利用料金の交渉	契約の方向となった。

今月の目標	今月の実績累計	問題点と対策	上司指示

◆ 顧客台帳例

顧客台帳　<表>

取引先情報		取引先評価	
社名	㈱○○介護施設	品質	品質の○○段階の○レベル
住所	○○市○○5-10	コスト	低コストを武器している
代表者	代表取締役 野中一郎	納期	定められた納期による
所管部署	購買部	資産力	自社社屋と工場は自社所有
設立年月	OO年5月	経営者能力	リーダーシップ力がある
業務内容	老人専用の介護施設	入居率	全国シェア20%を持つ
売上高	100億円	仕入力	安定した仕入れを持つ

訪問交渉記録　<裏>

取組方針	3月中にクリーニングの取引を契約する。			
訪問計画	毎週1回は訪問する。			
訪問日	面談者	面談結果	次回対策	上司意見
3月22日	宮田部長	当社のシステムに理解を示す。	継続して説明する。	相手のよく要望を聞くこと。
3月29日	宮田部長	納入の方法で話が進む。	契約に結び付ける。	契約条件を詰めること。

⑵　クリーニング工場をシステムで生産性向上させる

　クリーニング工場は、衣服等の洗濯物のクリーニングの手作業が多く、特に、洗濯物の利用者の特定は必須条件です。他の人の衣類等と混同すると顧客様に多大な迷惑をかけとともに信用問題となります。

　このため、個人の特定ができるバーコード管理システムを開発し導入しました。これにより、衣類の混同がなくなりました。

　また、作業も迅速化し、生産性が向上しました。他社では、まだここまで精度の高い衣類分別システムは開発されていないため、当社の営業戦略上の強みとなります。

⑶　人材育成をして、スキルアップと後継者育成をする

　スキルマップを作成し、それに基づいて、スキルアップ計画でスキル指導していきます。

①　スキルマップ

　　スキルマップは、各部門で必要なスキル（知識、技能）を選択し、現在の個人別の能力を図表にしたものです。体系的に部門に必要な能力を知ることができ、能力開発に役立ちます。

◘ スキルマップ表例

要　素	基本ソフト	製造の基礎	設備管理	データ管理	進行管理	分類	機械操作	クリーニング処理	パソコン入力
氏名＼難易度	A	B	A	A	A	A	A	B	B
山田太郎	○	△	△	○	○	○	△	△	△

●…指導できる　◎…1人でできる　○…少しできる　△…ほとんどできない　無印…できない

② スキルアップ計画・実績表

スキルアップ計画・実績表でマルチスキル化を進めます。スキルアップ計画・実績表で、指導を受ける者と指導者を決めて、年間計画を立てて計画的に教育していきます。

◘ スキルアップ計画・実績表例

工場部門		スキル名		基本ソフトの習得							
被指導者	指導者	現在スキル	目標スキル	区分	4月	5月	6月	7月	8月	9月	10月
山田太郎	井上達夫	△	○	計画				終了			
				実績				○			

5. 改善結果

(1) 企業営業により、新規契約で売上拡大

新たに大口の介護施設からの受注が増え、売上高は、1割アップしました。

(2) 売上原価削減

衣類分別システムと人材教育により、工場の生産性がアップし、売上高対売上原価率は、4％コストダウンしました。

◘ B社の2期比較の損益計算書(粗利益まで)

第32期　損益計算書　　(単位:千円)

売上高	80,000
売上原価	14,000
材料費	4,000
外注費	8,000
その他	2,000
売上総利益	66,000

第33期　損益計算書　　(単位:千円)

売上高	90,000
売上原価	12,000
材料費	3,000
外注費	6,000
その他	3,000
売上総利益	78,000

6. 今回の経営改善のポイント

クリーニング業として、2店舗経営していましたが、クリーニング業界の競争が激化していました。

業績低下の原因は、

①　クリーニングの競合他社が増加傾向にあり、価格競争が生じてクリーニング代が低下傾向にあります。

②　労働集約産業ですが、労働者がなかなか集まりません。一方、労務費は増加傾向にあり、利益が直接圧迫されています。

③　現在、営業担当を置き、特定企業の仕事着のクリーニングの受注の請負を始めているが、まだ、本格的には稼働していません。

④　人材育成ができないため、工場の生産性が上がらないと同時に定着せず、短期で退職してしまうことが多くなっています。

これらの問題に対して経営改善計画では、次のことを行いました。

①　企業専任営業を採用し、企業先への売上を拡大

②　クリーニング工場をバーコード管理システムで生産性向上

③　人材育成をして、スキルアップと後継者育成

この結果、新規顧客が増加しました。

また、生産性も向上しコストダウンにもつながりました。

さらには、社員のスキルアップとなり、人件費の削減につながりました。

おわりに

　最後までお読みいただきまして、ありがとうございました。

　Ａ４用紙１枚を基本としました経営改善計画は、いかがでしたでしょうか。Ａ４用紙１枚の経営改善計画では、作成内容は、11項目がキーワードになっております。この内容を是非御社の実情に合わせて作成していただきたいと思います。

　また、取引金融機関から経営改善計画の要望がありましたら、まずはこのＡ４用紙１枚で作る経営改善計画を作成して提出していただきたいと思います。今回は会社として必要な項目を入れるとともに、取引金融機関も理解できることを考慮して作成しております。

　もちろん、借入状況、設備投資あるいは損益計算書や貸借対照表などの推移表など別途作成が必要となる資料もあると思いますが、それは適宜追加していただきたい思います。

　まずは、本書を参考にして、経営改善計画を作っていただきたいと思います。

　そして、経営改善計画作成の後は、経営改善計画の内容を実行しましょう。

　経営改善を伴う計画は、実行するのはなかなか大変だと思います。しかし、経営改善計画の内容をひとつひとつ実行していき最終的には、そこに描かれています経営改善目標を達成するとともに経営ビジョンを実現していきましょう。

　なお、本書の出版にあたりまして株式会社ビジネス教育出版社の中河直人さんをはじめ大変多くの方々にお世話になりました。

　末筆ながら心より感謝いたします。

宮内　健次

参考図書

- 『通信教育　営業担当者のための「経営改善計画書の作成＆活用講座」No.1』、（近代セールス社）
- 『通信教育　営業担当者のための「経営改善計画書の作成＆活用講座」No.2』、（近代セールス社）
- 『経営戦略の基本』株式会社日本総合研究所経営戦略研究会、（日本実業出版社）
- 『経営計画の立て方・進め方』天明茂著、（日本実業出版社）
- 『これ1冊でできる・わかる経営計画の立て方・活かし方』、安田芳樹著、（あさ出版）
- 『中期経営計画の立て方・使い方』、井口嘉則・稲垣淳一郎著、（かんき出版）
- 『だれでもわかる経営計画の見かた立てかた』、小川雅人著、（高橋書店）
- 『ポイント図解 儲かる経営戦略立案の手順』、佐伯祐司著、（大和出版）
- 『企業再生のための経営改善計画の立て方』、財団法人社会経済生産性本部企業再生支援コンサルティングチーム編、（中央経済社）
- 『企業再生支援の実務』、企業再建コンサルタント協同組合・企業再建協議会著、（銀行研修社）
- 『「企業再生支援」の進め方－中小企業診断士の再生支援手法』、小林勇治・宮崎一紀・波形克彦編著、（同友館）
- 『経営改善計画の立て方・進め方』、吉岡和守＆BMCネットワーク著、（アスカ・エフ・プロダクツ）
- 『金融機関が行う経営改善支援マニュアル—取引先企業をランクアップするための実践的アプローチ』、中小企業金融公庫経営情報部、（金融財政事情研究会）

- 『基礎からわかる作業手順書』、中村昌弘著、（中央労働産業防止協会）
- 『これだけ！PDCA』、川原慎也著、（すばる舎リンケージ）
- 『無印良品は、仕組みが9割 仕事はシンプルにやりなさい』、松井忠三著、（KADOKAWA）
- 『ガーバー流　社長がいなくても回る「経営の仕組み」経営』、堀越吉太郎著、（KADOKAWA）
- 『儲かる会社は人が1割仕組みが9割 – 今いる社員で利益を2倍にする驚きの方法』、児島保彦著、（ダイヤモンド社）
- 『A4一枚で作る　PDCAを回せる　経営計画100の法則』、宮内健次著、（日本能率協会マネジメントセンター）
- 『黒字を実現する20の「仕組み」の進め方』、宮内健次著、（中央経済社）
- 『A4一枚で成果を出す！　まんがでわかる　経営計画の作り方、進め方』、宮内健次著、（ウェッジ）
- 『A4一枚から作成できる・PDCAで達成できる経営計画の作り方・進め方』、宮内健次著、（日本実業出版社）
- 『1から学ぶ企業の見方』、宮内健次著、（近代セールス社）
- 『5Sで決算書がグングン良くなるんです』、宮内健次編著、（日刊工業新聞社）
- 『最高の結果を出すKPIマネジメント』、中尾隆一郎著、（フォレスト出版）

（著者紹介）

宮内 健次 （みやうち・けんじ）

中小企業診断士、社会保険労務士
明治大学大学院MBA

株式会社千葉銀行に入社し、支店、本部勤務後、株式会社ちばぎん総合研究所にて
コンサルティング部門を25年間経験し部長職などを歴任。その後、公益財団法人
千葉県産業振興センターに入社し、経営相談に2020年まで携わる。
コンサルティングでは、経営計画の作成・推進支援、経営改善支援、5S導入支援、
人事制度構築支援、社員教育などを行う。その他、各地商工会議所などでの講演、
ＴＶ出演、新聞・経営専門誌への寄稿など多数。
主な著書は、『Ａ４一枚から作成できる・PDCAで達成できる経営計画の作り方・
進め方』（日本実業出版社）、『Ａ４一枚で作る　PDCAを回せる 経営計画100の法
則』（日本能率協会マネジメントセンター）、『黒字を実現する20の「仕組み」の
進め方』（中央経済社）、『Ａ４一枚で成果を出す！まんがでわかる　経営計画の作
り方、進め方』（ウェッジ）、など多数。

■ 講演・コンサルティングの連絡先
　E-mail:miyauchi.himawari4456@gmail.com

A4 1枚で作れる！　経営改善計画の書き方・使い方

2023年4月20日　初版第1刷発行

著　者	宮　内　健　次	
発行者	中　野　進　介	

発行所　　株式会社 ビジネス教育出版社

〒102-0074　東京都千代田区九段南4-7-13
TEL 03（3221）5361（代表）／FAX 03（3222）7878
E-mail▶info@bks.co.jp URL▶https://www.bks.co.jp

印刷・製本／モリモト印刷株式会社
装丁・DTP／有留　寛
落丁・乱丁はお取替えします。

ISBN 978-4-8283-0992-7